ミニマムで学ぶ
スペイン語の
ことわざ

星野 弥生 著
Alberto Mayol Sánchez 協力

クレス出版

ミニマムで学ぶ〈ことわざ〉

　異文化（外国の文化）に関心を持ち、深く知りたいと思ったとき、私たちはまずその言語を学ぼうとします。具体的には、基礎的な文法と基本的なボキャブラリー（語彙）を身につける必要があるでしょう。そして、文章を読んだり、作文をしたり、簡単な会話に取り組んでいくことになります。しかし、それで十分かというと、その先にことわざの世界がひろがっています。

　ことわざはよく比喩を用います。たとえば、ヨーロッパの多くの言語に、直訳すると「静かな水は深く流れる」となる表現（ふつうは「静かな淵は深い」と訳される）がありますが、これは水音の低い淵が深いことを表すだけでなく、比喩的に無口な人について、表面からは窺いしれないものがあることを示しています。こうした表現は、予備知識なしに初めて聞いたのでは、とうてい理解できないものでしょう。比喩には、国際的に通用するものもありますが、母語（生まれたときから自然に身につけた言語）からの類推だけでは理解できず、とんでもない誤解をしかねないものもあるのです。

　しかも、ことわざには価値判断の基準や行動の指針となるものがあり、しばしば結論に直結しています。だから、文意をほぼ理解できたつもりでも、ことわざがわからないために結論が把握できないことが出てきます。ことわざには、人の行動を左右する力があるので、単なる文章の一部というより、肝心な核心部分となることが少なからずあるといってよいでしょう。〈ことわざ〉がカルチュラル・リテラシー（異文化の読解力）の重要なキイとされるのも当然です。

　では、異文化理解のためにどれくらいことわざを知る必要があるのでしょうか。ペルミャコーフ（ロシアのことわざ研究者）は、母語話者（ネイティブ）が常識的に知っていて、よく使うことわざをミニマムと名づけ、およそ400を知っておくことが望ましいとしてい

ました。

　しかし、ネイティブであっても、最初から400ものことわざを知っているわけではありません。幼少期から日常生活のなかで、いろいろな体験とともに少しずつに耳にすることによって、しだいにことわざを身につけていくことはいうまでもないでしょう。そのプロセスは、生活のなかでことわざを自然におぼえるだけでなく、同時に無意識のうちにことわざに対する感覚を身につけ、磨いていくものです。大人が口にすることわざが直ちに理解できなくても、使用場面と音声が脳内に蓄積されることによって、しだいに感覚的理解力が形成されるといってよいでしょう。

　〈ミニマムで学ぶ〉シリーズは、このプロセスを参考に、〈ミニマム〉を異文化理解の出発点として最小限必要なことわざと再解釈し、ことわざを論理的に理解するだけではなく、感覚的にも自分のものにするためのツールを目指しています。そのために、各言語のことわざ研究者が100のことわざを精選し、意味・用法を詳しく解説し、レトリックや参考となる文化的背景にもふれるようにしました。また、各言語のネイティブの協力を得て、現代の会話を中心に用例を示しています。

　このように最低限必要な100のことわざをていねいに学んでいくメソッドは、一見遠回りのようですが、さらに多くのことわざ表現を理解する上で不可欠な感覚を身につけることができ、異文化理解を着実に進めるものとなるでしょう。とりわけ現代の会話例は、ことわざのアクティブな活用に役立つことを確信しています。

　本シリーズが各言語のことわざの世界への扉をひらき、読者にとって異文化理解の礎石となることを願っています。

ミニマムで学ぶことわざシリーズ監修　北村　孝一

はじめに

　Contigo, pan y cebolla. スペイン語を学び始めた大学一年の時の最初の教科書に載っていたことわざを思い出します。「お前となら、パンと玉ねぎでも」。日本語なら「お前となら、手鍋提げても」というところでしょうか。究極の愛情物語が、こんな簡潔に表せるとは！　動詞が省かれ、口調がよく、覚えやすいので、語学への最初のアプローチとしては最適で、印象深いものでしょう。私が、大学を出た後、キューバ大使館に務め、スペイン政府の給費留学生としてマドリッド大学で学び、その後はフリーで通訳や翻訳に関わることになったのも、こうした表現との出会いがきっかけで、スペイン語に魅力を感じたせいかもしれません。

　ことわざは、世代から世代へ口伝えで広められていくうちに、簡潔で、覚えやすいように韻を踏み、歌うようなものとなりました。歯切れのよい、リズミカルなスペイン語のことわざは、ぜひ声を出して読んでみていただきたいと思います。

　簡潔なことわざの背景には、実に豊かな歴史や文学、そして庶民の日常生活の世界が広がっています。ことわざへの旅は、ラテン語や聖書、古典文学へと分け入る旅ともなります。セルバンテスの『ドン・キホーテ・デ・ラ・マンチャ』にはいたるところにことわざが散りばめられています。スペイン史上の出来事が起源となったことわざや、スペインの地名が登場することわざを知ると、きっとゆかりの地を訪れてみたくなることでしょう。El saber no ocupa lugar.（知識は場所を取らない）。ことわざの知識があれば、旅もいっそう豊かなものとなるに違いありません。

　スペイン語を公用語とする国は22カ国、4億人が話しています。スペイン以外の国々でも、使われることわざの80％がスペイン起源とされますから、ラテンアメリカへ旅するときも、この本のミニマムが基礎知識として役立つのではないか、と思います。

たくさんのことわざの中から100を選びだし、実際に活用できる適切な用例を挙げるために、バルセロナ在住の古くからの友人で、中学校でスペイン語、スペイン文学を教えている Alberto Mayol Sánchez の協力を得ました。ことわざの意味や用法を理解するには、抽象的な説明だけでは不十分なので、実際に即した用例をなるべく複数用意しました。対話の形を取っているので、場面を想像して思わずうなずいたり、笑ったりしながら読んでいただけたら幸いです。そして、機会が巡ってきたら、思い切ってスペイン語のことわざを使ってみましょう。適切な場面なら、完全な形でなくても、たいてい通じ、相手がことばを補ってくれたりします。たとえば、「まさかこんなところで会うなんて！」と偶然の出会いにびっくりした時、El mundo es estrecho como…（世間は狭い、……のように）と言えば、El mundo es como pañuelo.（世界は1枚のハンカチ、p.23）と相手が応じてくれることもあります。スペイン語ではこう言うんだとわかり、話がはずみ、コミュニケーションが深まること、請け合いです。

　この本の執筆のために、ことわざへの旅を続ける中で、私自身、スペインの風土、食べ物、ワイン、そしてなによりもスペインの文化やそこに住む人たちが、ますます好きになりました。この本が、読者をスペインやスペイン語、スペイン文学の魅力へといざない、ことわざの魅力を感じていただくきっかけとなれば嬉しいです。

星野　弥生

《凡　例》

【意味】ことわざの意味とニュアンス。
【用法】どのような使い方をするか、使われる場面や異形など。
【ポイント】ことわざを理解する上で重要なポイント。また、他のことわざにも応用のきくことなど。
【参考】ことわざの由来や文化的背景など。
【用例】現代の会話例を中心とした用例。

ミニマムで学ぶ　スペイン語のことわざ　目　次

第 1 章　百年続く幸福もなければ不幸もない …………………… 1
　　　　コラム ― ことわざと Refrán ………………………………… 20

第 2 章　どこの家でもソラマメを煮ている ……………………… 21
　　　　コラム ― ドン・キホーテとことわざ ……………………… 38

第 3 章　2 つの目より 4 つの目がよく見える …………………… 39
　　　　コラム ― 聖人、神、聖書とことわざ ……………………… 56

第 4 章　招かれる者は多いが選ばれる者はわずか ……………… 57
　　　　コラム ― スペインのことわざの数量表現 ………………… 72

第 5 章　パンはパン、ワインはワイン …………………………… 73
　　　　コラム ― パンとワイン ……………………………………… 92

第 6 章　すんだことには胸を張れ ………………………………… 93
　　　　コラム ― 今に生きることわざ ……………………………… 112

スペイン語ことわざ索引 …………………………………………… 113
日本語訳ことわざ索引 ……………………………………………… 116
参考文献 ……………………………………………………………… 118

第1章

百年続く幸福もなければ不幸もない

〔1〕No hay bien ni mal que cien años dure.

百年続く幸福もなければ不幸もない

【意味】不幸にせよ幸福にせよ、長い目で見れば、いつまでも続くものではなく、いつかは終わりがくる。

【用法】幸福が続くのは歓迎だが、不幸は続いて欲しくないものだ。そこで、すべてのことは何とかなるものだと、深い悩みや苦しみを抱えている人を慰め、励ますのに用いられる。また、経済不況に際して、いつまでも続くことはない、と希望を語るのにも用いる。bien ni を省き、「不幸はない」と言うことも多い。

【参考】冗談めかして Ni cuerpo que los aguante.（百年持ちこたえる体もないし）と加えることもある。百年は誇張表現だが、No hay nublado que dure un año.（曇りが一年続くことはない）、Nunca llovó que no escampase.（雨がやまなかったことはない）というのもある。

【用例1】Marta: Pues no me deja dormir el jaleo de los turistas que han alquilado el piso de encima. Cada noche organizan una fiesta ruidosa que dura hasta la madrugada. Un día se me acabará la paciencia y... Juan: Tenga un poco más de paciencia, porque esos turistas se marcharán muy pronto. No hay mal que cien años dure. （マルタ「上の階を借りている旅行者たちが騒ぐんで眠れないんですよ。毎晩けたたましいパーティが明け方まで続くの。もう堪忍袋の緒が切れそう」フアン「もうちょっとの辛抱さ。旅行者たちはもうすぐ出ていくんだから。百年続く不幸はないよ」）

【用例2】José: Este resfriado no se me acaba de curar. ¡Vaya invierno que estoy pasando! Juan: No hay mal que cien años dure. Y un resfriado, menos todavía.（ホセ「風邪がなかなか治らない。嫌な冬だ！」フアン「百年続く不幸はないぞ。風邪ぐらいでどうした」）

第1章　百年続く幸福もなければ不幸もない

〔2〕 No hay mal que por bien no venga.

福をもたらさぬ禍はなし

【意味】不幸なできごとは、時として幸運につながるチャンスでもあり、思いがけない良い結果に終わることもある。「禍を転じて福となす」「禍福は糾える縄のごとし」に近い。

【用法】困ったことから良い結果が生じることがあると、ポジティブ志向を勧める時によく使われる。

【参考】バリアントとして、ni bien que su mal no traiga.（禍がもたらさない福はない）と続けることもある。類似のことわざに、Cuando una puerta se cierra, ciento se abren.（一つの扉が閉まると、百の扉が開く）がある。

【用例1】Madre: ¿Qué tal te ha ido la entrevista de trabajo? ¿Te han aceptado la solicitud? Hijo: No; me falta la experiencia que requiere el puesto. No sé que voy a hacer ahora. Madre: Ten esperanza; otra puerta se abrirá. Porque No hay mal que por bien no venga.（母親「仕事の面接どうだった？　申込書は受け付けてくれた？」息子「だめだよ。仕事に必要な経験がないって。いったいどうすりゃいいんだろう？」母親「大丈夫、別の扉が開けるわよ。だって、福をもたらさぬ禍はなしっていうから」）

【用例2】Paco: Pues perdí el tren. Pero, en el vestíbulo de la estación encontré a Felipe, que se ofreció a traerme en su coche. Y aquí me tienes. Pepe: De este modo llegaste más pronto que con el tren. ¡No hay mal que por bien no venga!（パコ「列車に乗り遅れたのさ。でも駅の待合室でフェリーペに会ってね、車に乗せてくれたんだよ。それで僕はここにいるってわけさ」ペペ「それで列車より早く着いたんだね。福をもたらさぬ禍はなし、だよね」）

〔3〕 Del dicho al hecho hay gran trecho.

言葉と行為の間には大きな隔たり

【意味】言うことと行うことは別のこと。言うは易く行うは難し。

【用法】言葉と行為の間には大きな距離があり、相手が約束するといっても簡単に信用してはならない。また実行できもしないことを気軽に約束すべきではない、と諭す時に用いる。

【ポイント】dicho、hecho、trecho と見事に韻を踏み、軽快なリズムになっている。

【参考】「ドン・キホーテ」後編64章には、「船を浜辺に着けて乗り込めばよい、世界中が邪魔立てしようとも乗るまでのことじゃ」と気楽に言うキホーテに対して、サンチョがこのことわざを引いてたしなめる場面がある。

【用例1】Luis: ¿Escuchaste las promesas de ese político? En la campaña electoral está diciendo lo que no podría realizar. Maria: Creo que este hombre exagera bastante; dudo que cumpla lo que ahora promete hacer si llega al Gobierno, porque... ¡Del dicho al hecho hay gran trecho!（ルイス「あの政治家の公約聞いたかい？選挙運動中は実現できそうもないことを言っているよな」マリア「この人、言うことが大袈裟。実行すると今約束していることは政権とってもやらないわよ。言葉と行為の間には大きな隔たりがあるもの」）

【用例2】Pablito: Déjame jugar, mamá. Después me pondré a estudiar dos horas más. Madre: Pon a estudiar ahora mismo. Tu dices siempre lo mismo. Pero... ¡Del dicho al hecho hay gran trecho!（パブリート「ママ、お願い、遊ばせて。後で2時間勉強するから」母親「今すぐ勉強しなさい。あんたはいつだって同じことを言っているでしょ。でも言うこととやることは大違いだわ」）

第1章　百年続く幸福もなければ不幸もない

[4] Una cosa es predicar, y otra dar trigo.

お説教と麦をくれるのは別

【意味】何かをやると口で言ったり約束したりするのは簡単だが、その約束を果たすのは難しい。

【用法】口先だけで実行が伴わない政治家の公約を皮肉るのによく用いられる。精神的に説教を垂れるよりも、欲しいのは具体的な手助けだと訴える時にも使われる。もっとはっきり言えば、Dame dinero y no consejos.（説教するより金をくれ）ということになる。

【ポイント】uno（una）と otro（otra）を対照させる構文で、後半の otra に続く名詞（ここでは cosa）は省かれることが多い。動詞の es も省かれ簡潔なリズムになっている。

【参考】Más fácil es dar a la lengua que a las manos.（手を出すよりもぺちゃくちゃしゃべる方が易しい）も同様である。生活になくてはならない「麦」は目的や約束の具体的な実現を象徴している。現代的にいうと、「よい友であることと金を貸すのは別」となろうか。

【用例1】Nacho: El candidato X asegura que, si resulta elegido, su gobierno bajará los impuestos. Alberto: Ya veremos si es como dice, porque Una cosa es predicar y otra dar trigo.（ナチョ「X候補は当選したら税金を下げるんだってさ」アルベルト「いずれわかるさ。説教することと麦をくれることは別だから」）

【用例2】Pepe: Iremos con la bicicleta por una carretera sin asfaltar, y podríamos tener un pinchazo. Pero, una rueda se cambia en seguida. José: Sí, pero si tuvieras que hacerlo a oscuras. Una cosa es predicar, y otra dar trigo.（ペペ「舗装していない道を自転車でとばそうぜ。パンクするかもしれないけど、タイヤはすぐ替えられるさ」ホセ「でも暗闇だったらどうするんだ。説教と麦をくれることは別だぞ」）

〔5〕 Perro ladrador, nunca bien mordedor.

吠える犬は噛みつかぬ

【意味】大袈裟に言う人は口先だけで実際には大したことはできない。
【用法】しゃべりまくり、言葉で脅かすだけで、実際には言っていることを実行しない人、「大言壮語」「空威張り」の人のことを言う。
【ポイント】動詞もなく、ladrador、mordedor と韻を踏み、簡潔な表現になっている。
【参考】うるさく吠える小型犬は臆病なものが多い。犬のかわりに猫や狼を比喩にした次のような類例もある。Gato maullador, nunca buen cazador.（ニャーニャーいう猫は決して獲物をとらない）Lobo aullador, poco mordedor.（遠吠えする狼はたいして噛まない）
【用例1】Paquita: No me gusta nada esta profesora; siempre está gruñiéndo y amenazándonos con suspendernos. Juan: No hay que hacerle caso. Nos amenaza para obligarnos a rendir mucho más. Paquita: Tienes razón; es perro ladrador, poco mordedor. （パキータ「あの先生、きらいよ。わめいてばかりで、落第させるわよ、と脅すのよ」フアン「気にするなよ。もっと勉強しろと脅かしているだけだよ」パキータ「そうね。吠えるけど、噛まない犬なのね」）
【用例2】Eva: Mi novio me va a presentar a sus padres. Su madre es una persona muy exigente, y quizá yo no le parezca la persona adecuada para convivir con su hijo. Ana: No te preocupes, y compórtate con naturalidad ante ella. Ella te aceptará. Perro ladrador, poco mordedor. （エバ「彼氏が両親に紹介するっていうんだけれど、お母さんがうるさい人なのよ。わたしのこと息子にはふさわしくないって思うに違いない」 アナ「大丈夫。ふつうにしてればいい。お母さんは認めてくれるわよ。吠える犬は噛まないわ」）

第1章　百年続く幸福もなければ不幸もない

〔6〕No es tan fiero el león como lo pintan.

ライオンは絵でみるほど獰猛じゃない

【意味】見かけだおしということはよくある。

【用法】人は見かけほど怖いものではない、えらそうに見えてもそうではないことも多いので恐れることはない、と言いたい場合に用いる。あるいは、とてもむずかしいと思われていた仕事が実際にはそうでもなかったとか、評判がよくないのに実際はそんなに悪くもなかった、という場合にも用いられる。

【ポイント】ライオンは危険な猛獣なので、危険、難しさ、恐ろしさが見かけほど大きくはないということの譬えになる。

【参考】fiero（獰猛な）のかわりに bravo（勇敢な）を使うこともある。また、ライオンを tigre（虎）に置き換え、No es tan feo el tigre como lo pintan.（虎は絵でみるほどに醜くない）ともいう。

【用例1】Alberto: ¿Qué tal has pasado la entrevista con el director? Juan: Creía que el director se pondría hecho una furia. Tiene fama de irascible. Pero se ha mostrado muy amable y comprensivo conmigo. Alberto: ¡Te lo dije: No es tan fiero el león como lo pintan!（アルベルト「部長との面接はどうだった？」フアン「部長が腹をたてるんじゃないかと思っていたんだ。怒りっぽいって噂だから。でもとても親切で、話をわかってくれた」アルベルト「ほれ見ろ。ライオンは絵でみるほど獰猛じゃないって」）

【用例2】El profesor X tiene aspecto de ser una persona muy severa y que exige una rígida disciplina. Pero fuera del aula es muy amable, incluso simpático. No es tan fiero el león como lo pintan.（X先生は見かけはきつそうだし、厳しく教えるけれど、教室を離れると親切で、とてもいい人だ。ライオンは絵でみるほど獰猛じゃないね。）

〔7〕 Haz bien y no mires a quien.

良いことをするのに人を選ぶな

【意味】良いことをする時には、相手を選んではならない。

【用法】自らの意志で他人のために手を貸そうとしながら、つい報酬など見返りを求めたり、相手から感謝されないとがっかりしてしまいがちだが、善意は打算ではないことを教える。ボランティアの精神を表すようなことわざである。

【ポイント】命令形を二つ重ね、「良いことをせよ」「人を選ぶな」ときっぱり言い切る。副詞の bien のかわりに名詞の el bien（善）を用いることもある。bien と quien の韻が効いている。

【参考】関連することわざに、Hacer bien nunca se pierde.（良いことをして損することはない）がある。

【用例1】Hiroshi: Realmente, quiero hacer alguna contribución para los víctimas del terremoto y tsunami. Pero a mi no me gusta que las donaciones recogidas del pueblo se distribuyan a unas entidades que no conozco. Miyuki: Tienes que hacerlo sin pensar así. Se dice que Haz bien y no mires a quién.（ヒロシ「地震と津波の被災者のために募金しようと思うんだ。でも、集まった寄付金が知らない団体に配られるのはいやだなあ」ミユキ「そんなふうに考えずにやるべきよ。良いことをするのに人を選ぶなっていうでしょ」）

【用例2】Petra: Nunca les doy nada a los mendigos. Es inútil, porque luego van a gastárselo en vino y tabaco. Luisa: No conozco su vida, pero sigo el refrán: Haz bien y no mires a quién.（ペトラ「絶対に物乞いにお金なんかあげないわ。後でお酒やたばこに使ってしまうだけだから無駄よ」ルイサ「あの人たちの生活ぶりは知らないけど、私は、良いことをするのに人を選ぶな、ということわざどおりにするわ」）

第1章　百年続く幸福もなければ不幸もない

〔8〕 Cría cuervos, y te sacarán los ojos.

飼ったカラスに目を突つかれる

【意味】親切にしたのに、その恩を仇で返される。

【用法】かつて面倒をみてもらっていたことを忘れ、声高に非難して恥じない恩知らずも多いので、好意を施すには用心が必要だと諭すのに用いる。日本語の「飼い犬に手を噛まれる」に近い。

【参考】餌をやり可愛がって育てたカラスに目を突かれて盲乞食になった男の逸話がこのことわざの起源であるという説がある。カラスなどの鳥は相手を攻撃する時に目を突こうとし、餌食は目から食べることが多い。一方で「カラスはカラスの目を突かない」ということわざも広く使われている。こちらは「利害を同じくするものは裏切らない」という意味になり、対照的である。

【用例1】Silvia: María me ha decepcionado por completo. Fui a hacerle compañía todas las tardes durante un mes, cuando estuvo enferma. Ahora va por ahí criticándome por haberme divorciado. Teresa: Tampoco yo le perdonaría nada a esa desagradecida. Cría cuervos, y te sacarán los ojos.（シルビア「マリアには裏切られたわ。病気だった一カ月間毎日午後はそばにいてあげた。なのに、今では私が離婚したといいふらしているのよ」テレサ「私だってそんな恩知らずは許さないわ。飼ったカラスに目を突かれたわけね」）

【用例2】En las pasadas elecciones voté al X después de leer su programa, que me convenció. Pero una vez en el Gobierno, han hecho lo contrario de lo que allí prometían. Es como aquel refrán dice:Cría cuervos, y te sacarán los ojos.（前回の選挙ではX氏の公約を読んで納得したので投票した。でも一たび政府に入ると、約束とは違うことをやっている。育てたカラスに目を突つかれたようだ。）

[9] Aunque la mona se vista de seda, mona se queda.

絹を着ても猿は猿

【意味】立派な衣装をまとっても、本性に変わりはない。外見に惑わされず、人間性を見極めることが大切である。

【用法】いくら外見を取り繕っても内面は隠せないものだと教える。

【ポイント】seda と queda が韻を踏み、リズム感を出す。

【参考】Las apariencias engañan.（外見は裏切る）など、内と外が一致しないことを表すことわざは多い。日本語の「馬子にも衣装」は、服装次第で馬子も立派に見える、というので逆の意味になる。

【用例1】Charo: Pedro, hace más de quince minutos que estás buscando una camisa. ¡Decídete ya! La camisa que elijas no es tan importante, porque Aunque la mona se vista de seda, mona se queda. Pedro: ¡Ya acabo! ¡Pero luego no me critiques el color elegido!（チャロ「ペドロ、15分以上もシャツを探しているのね。頼むからもう決めて！ どんなシャツを選んだってどうってことはない。絹を着ても猿は猿、だからね」ペドロ「もう終わるよ。選んだ色に後で文句つけるなよ」）

【用例2】Luis: ¿Te has fijado en lo que dice el nuevo presidente? No hace más que repetir las palabras cambio y progreso. Carlos: Sí, pero en el Parlamento su partido vota a favor de las propuestas conservadoras. Ha cambiado su modo de expresarse, pero sus ideas son las mismas. Ya sabes que ¡Aunque la mona se vista de seda, mona se queda!（ルイス「新大統領が言っている内容、気づいたかい？ 変革、進歩という言葉を繰り返すだけだ」 カルロス「でも議会では政権党は保守的な法案に賛成しているよ。言い方は変えても、考え方は変わらないわけだ。絹を着ても猿は猿、ということだね」）

第1章　百年続く幸福もなければ不幸もない

〔10〕El hábito no hace al monje.

衣ばかりで修道士はできぬ

【意味】衣服や外見を変えても、内実は変わらない。

【用法】人を外見にもとづいて判断すべきではない。また、どんな職に就いたとしても、制服などの外見ではなく、内面がきちんと伴わなければその職にふさわしくはないと教える。

【ポイント】hábito はふつうは習慣（costumbre）を意味する文語表現だが、ここでは「僧服」の意。

【参考】法衣をまとえば貫禄がつき、善人のように見えるが、必ずしも着ている修道士自身が尊敬すべき、敬虔な人であるということにはならない。逆に、El hábito hace al monje.（法衣を着て僧になる）は、外見が人の内面、意思、状態などを示す意となり、「馬子にも衣装」に通じるものとなる。

【用例1】Ana: Elena ahora está saliendo con un chico; es muy guapo, y elegante y creo que es hijo único de una familia acomodada. ¡Lo que se dice un buen partido! Juana: ¿No crees que deberías esperar un tiempo antes de opinar? El hábito no hace al monje.（アナ「エレナがいま付き合っている男の子、すごくハンサムで上品で、金持ちの一人息子らしいの。お似合いね」フアナ「もう少し待ってから意見を言うべきよ。衣ばかりで修道士はできないわ」）

【用例2】Eva: Pedro parecía tan formal, tan bien peinado siempre con su ropa tan bien planchada... pero al final ha resultado un desordenado. Julia: Si es que El hábito no hace al monje.（エバ「ペドロは髪をきちんと梳かし、服にはいつもピシッとアイロンをかけ、とても真面目そうだった。でも結局はだらしない人だったの」フリア「衣ばかりで修道士はできないのね」）

〔11〕 No es oro todo lo que reluce.

光るものすべてが金ならず

【意味】金のように光っているからといって、すべてが金であるわけではない。外見にまどわされてはならない。時としてその輝きの下に、好ましくない現実がある。人は見かけによらぬもの。

【用法】外見で判断し、信用してはならない、実質が伴ってはじめて価値があるものだ、と教える時、また、なにかを受け入れる前に、本当にそうなのかを確かめる方がいいと警告する時に使われる。

【参考】ラテン語に由来し、ヨーロッパの多くの言語に共通する表現で、「光る」には brilla も使われる。「ドン・キホーテ」後編33章で、サンチョがことわざを連発する場面にも見られる。

【用例1】Cliente 1: ¿Ha probado el nuevo zumo de frutas? Parece muy bueno. Cliente 2: Sí, es riquísimo; contiene muchas vitaminas, y nada de azúcar. Cliente 3: ¿Han leído en el envase cuántos colorantes lleva? ¡No es oro todo lo que reluce!（客1「この新製品のジュース飲んでみました？　よさそうね」客2「とっても美味しいですよ。ビタミン豊富で、お砂糖は全然入ってないわ」客3「箱の表示を読みました？　ものすごい量の色素が入っていますよ。光るものすべてが金ならず、ということですね」）

【用例2】Juan: Un conocido me ha propuesto que invierta un pequeño capital en su fábrica. Me dice que si me asocio tendré considerables beneficios. Pablo: Reflexiona sobre la situación real de ese negocio. Recuerda que No es oro todo lo que reluce.（フアン「知り合いが自分の工場に投資をしないかと持ちかけてきたよ。一緒にやったら、かなりの利益になると」パブロ「本当にそうなのかどうか、よく考えたらどうだい？　光るものすべてが金ならず、だよ」）

第1章　百年続く幸福もなければ不幸もない

〔12〕El hombre y el oso, cuanto más feo, más hermoso.

男と熊、醜いほど男前

【意味】男らしさや男の魅力を判断するときに、見かけの美しさはさほど重要なものではない。
【用法】人の見かけは心の美しさや性格とは関係ないことを示す。格好よくなくてもいいと醜男を慰めるのに言う場合もある。
【ポイント】oso（熊）は、hermoso と韻を踏むために使われるようになったようだ。ことわざは口伝えなので、韻は大きな要素となる。
【参考】もともとは feo（醜い）ではなく pelo（毛、毛深い）だったのが、伝わっていく過程で変化したものと言われる。フーテンの寅さんの「男は顔じゃあないよ、心だよ」を連想させる表現と言えよう。
【用例1】Ana: ¿Conoces al marido de Dolores? Es un hombre muy feo. No sé qué vió en él para casarse. Elena: Si, lo conozco. A mi me parece una buena persona. Ten presente el refrán :El hombre y el oso, cuanto más feo, más hermoso.（アナ「ドローレスのご主人、ご存知？　ひどい醜男なのよ。彼のどこを見て結婚したのかしら」エレナ「知ってるわよ。いい人だと思うわ。男と熊、醜いほど男前ってことわざを思い出して」）
【用例2】Juan: María no quiere saber nada de mi propuesta de noviazgo. Supongo que mi aspecto físico es lo que le resulta más desagradable. José: Quizás sea así, pero no por eso has de rendirte. Recuérdale el refrán que dice: El hombre y el oso, cuanto más feo, más hermoso.　（フアン「マリアは僕がプロポーズしてもまるで反応しない。僕の外見がよっぽど嫌なんだろうな」ホセ「だからといって諦めるな。男と熊、醜いほど男前というぞ」）

〔13〕A mal tiempo, buena cara.

悪天には笑顔

【意味】不運な時には、落ち着いて、楽観的にしているのが良い。

【用法】体調が少々おかしくても、落胆は見せない方がいい。また、大変な状況にあっても、気力を失ってはならない。状況を変えられなくても、行動を変えることはできるのだからという、究極のプラス志向と言える。

【ポイント】tiempo には、時と天気の二つの意味がある。このことわざは天気の意味で悪天、また時の意味で不幸な時を表す。

【参考】スペイン語のことわざに、Quien canta, su mal espanta.（歌う者は不幸を追い払う）No puede vivir el que no canta.（歌わずに生きられようか）など、沈んでいる人を鼓舞するものが多いのは、不幸をも笑い飛ばす、楽天的なラテン気質のせいであろう。

【用例1】María: Estoy tan preocupada que llevo varias noches sin dormir. ¡No sé si, con mi pobre pensión, podré pagar el aumento del recibo del agua y de la electricidad! Pepita: No se desanime y dígase. ¡A mal tiempo, buena cara! Verá cómo encontrará una solución.（マリア「このところ心配で夜寝られなくてね。私のわずかな年金で水道と電気料金の値上げ分を払えるのか……」ペピータ「気を落とさないで。悪天には笑顔と言うでしょう。なんとかなりますよ」）

【用例2】Marido: ¡Vaya! ¡Está lloviendo mucho! Pues tendremos que ir a visitar a tu madre otro día. Mujer: ¡Ni hablar! No voy a renunciar a visitarla por causa de la lluvia. A mal tiempo, buena cara. Cojamos los paraguas y ¡a la calle!（夫「大雨だ。君のお母さんのところに行くのはまたにしよう」妻「何いってんの！ 雨だからってあきらめないわ。悪天には笑顔！ さ、傘もってお出かけよ！」）

第1章　百年続く幸福もなければ不幸もない

〔14〕 El comer y el rascar, todo es empezar.

食事も演奏も最初が肝心

【意味】何をするにも始めが肝心である。

【用法】何かを始めるのをためらっている人に、食べること、楽器を弾くことを例に、大事なことは一歩を踏み出すことだと教える。はじめの一歩を踏み出せば半分やったも同じことなのだ。「始めよければ終わりよし」に通じる。

【ポイント】rascar は弦楽器を弾く意。後半だけにして「何事も始めること」と強調する言い方もある。comer, rascar, empezar と動詞を並べて、リズム感がある。

【参考】「食わず嫌い」の人に食べてみることを勧め、楽器を習い始めたばかりで音をうまく出せない人を元気づけるというわかりやすい例から、「何事も始めが肝心」と普遍的な意味が導かれる。

【用例1】 Pablo: ¿Sí vas a comer una rodaja de merluza? Pepe : Es que hoy no tengo apetito; y, además, el pescado no me gusta mucho. Pablo: Entonces, prueba este plato de carne, verás qué rico está. ¡El comer y el rascar, todo es empezar!（パブロ「メルルーサ食べるだろう」ペペ「今日は食欲がないんだ。それに魚はあまり好きじゃないし」パブロ「じゃ、この肉を食えよ。すごくうまいから。食事も演奏もはじめが肝心だからね」）

【用例2】 Eva: Hoy voy a olvidarme de la dieta de adelgazamiento. Me comeré todo lo que me apetezca. Carlos: El comer y el rascar, todo es empezar. Sé prudente para que no vuelvas a tu sobrepeso de hace un año.（エバ「今日はダイエットを忘れて、食べたいものなんでも食べるわ」カルロス「食事も演奏も最初が肝心だよ。一年前のデブに戻らないよう気をつけろよ」）

〔15〕El que no llora, no mama.

　　泣かぬ赤子は乳がもらえぬ

【意味】何かをぜひ手に入れようと思ったら、何度でもはっきり意思表示して求めるが良い。

【用法】赤ん坊が、お腹が空いた、眠い、という要求を泣き声で表すように、自分が欲しいと思うもの、したいことは他人にはっきり意思を伝え、頼むべきだと教える。

【ポイント】mamar は乳首（mama）から「乳を吸う」の意の動詞。

【参考】聖書のマタイ伝にある「求めよ、さらば与えられん」に通じる。内容を誰にでもわかる比喩で教えている。Perro porfiado saca mendrugo.（しつこく吠える犬はパンくずを得る）という類例もある。

【用例1】Luis: Quiero que el profesor me suba la nota del último examen. Llevo rogándoselo varios días, y no hay nada que hacer: A ver si esta vez le convengo y accede a modificar la puntuación injusta. Carlos: Sí tú insiste; porque, ya sabes: El que no llora, no mama.（ルイス「この間の試験の点数を訂正してほしいって先生に何度も頼んでいるんだけど、どうしようもないんだ。今度こそわかってくれて、つけ間違った点数を直してくれればいいんだが」カルロス「しつこく言えよ。泣かぬ赤子は乳がもらえないぞ」）

【用例2】Teresa: Mi padre no me deja ir a la excursión. Se lo he pedido de todas las formas, pero siempre se niega. María: Pues no dejes nunca de insistir; Explícale a tu padre, cada día, lo mucho que te interesa ir. Ya sabes: El que no llora, no mama.（テレサ「父親がハイキングに行かせてくれないのよ。あらゆる手で頼んでみたけどだめだって」マリア「しつこく言い続けなさい。毎日、どれほど行きたいかを説明するの。泣かないと乳をもらえないわ」）

第1章　百年続く幸福もなければ不幸もない

〔16〕 El buen paño, en el arca se vende.

よい布は箱のなかで売れる

【意味】良質の製品は、宣伝をしたり、試したりする必要はない。質が良いということ自体がすでに宣伝になっている。

【用法】古くは、実際に確かめるまでもなく、質の良さが評判になっている製品を称賛するのに用いた。現在では、むしろ逆に、慎み深さ、遠慮深さを褒める場合にも使われている。

【参考】El buen vino, la venta trae consigo.（良いワインはそのままで売れる）、Sin sacarlo al mercado se vende el buen caballo.（市場に引っ張って来なくても、よい馬は売れる）など、身近なワインや馬を比喩にするものもある。

【用例1】Juan: ¿Qué te parece si lanzamos la nueva novela de X con una publicidad en la prensa? Pedro: No la creo necesaria. El lleva publicadas tres novelas muy buenas. Recuerda que El buen paño, en el arca se vende.（フアン「X氏の新しい小説を新聞広告で売り込むのはどうかね？」ペドロ「必要ないですよ。彼はすでに三冊もいい小説を出しているのだから。よい布は箱の中で売れるんですよ」）

【用例2】María: Mi hija no parece interesada por frecuentar las cafeterías de moda, donde hoy van todos los jóvenes. Es muy seria. Lita: Si continúa así le va a ser muy difícil iniciar el noviazgo con algún chico. María: Sabe que encontrará al chico que valore su modestia y discreción. Porque El buen paño, en el arca se vende.（マリア「うちの娘、今どきの若者が行くような流行りのカフェには興味ないみたい。生真面目なの」リタ「そのままだと彼氏も作れないわよ」マリア「自分の慎ましさがいいと思ってくれる男が見つかると思っているの。よい布は箱のなかで売れるのだからと」）

[17] Cuando el río suena, agua lleva.

瀬音がするところには水がある

【意味】何らかの兆候があれば、事実は推し測れるものだ。

【用法】不道徳なこと、好ましくない行為など、ネガティブなものに対して使われることが多い。誰かの噂について、噂には必ず何らかの根拠がある、だから気をつけたほうがいい、と警告するのにも用いられる。会話の中では、前半だけでも十分に通用する。

【参考】類似のことわざに No hay humo sin fuego.（火のない煙はない）があり、英語の There is no smoke without fire. 日本語の「火のないところに煙は立たぬ」と同じ。Donde fuego se hace, humo sale.（火を起こせば煙が出る）は、「トラブルを起こせば人には知れるものだ」という警告の意味が強く、ニュアンスが異なる。

【用例1】Julio: ¿Has oído? Se insinúa una subida de los impuestos. También me lo han comentado varios amigos. Elena: No creo que eso ocurra; hace una semana el Presidente afirmó que nunca subirán... Julio: Sí, pero... Cuando el río suena, agua lleva. （フリオ「聞いたかい？ 遠回しに増税するぞと言っているみたいだね。そう言ってる友達が何人もいるよ」エレナ「そうはならないでしょう。一週間前に、大統領は絶対に増税しないって言っていたじゃない」フリオ「そうかなあ。瀬音がするところには水があるんだよ」）

【用例2】Ana: Me han llegado rumores de que Marta quiere divorciarse. Inés: Sí, yo también he oído algunos comentarios. Ella lo niega rotundamente, pero se dice: Cuando el río suena. （アナ「マルタが離婚したがっているという噂が耳にはいったわ」イネス「私もそんな話をきいたわ。彼女はきっぱり否定しているけれど、瀬音がするところには、って言うじゃない」）

第1章　百年続く幸福もなければ不幸もない

〔18〕 Quien se pica, ajos come.

気が立ってるのはニンニクを食べた奴

【意味】自分に関係のない話なのに腹を立てるのは、本人に何か思い当たるふしがあるからだ。

【用法】非難されたことに腹を立てている人を、それは身に覚えがあるからだ、と指摘し、戒めるのに用いられる。

【ポイント】picar はニンニクや唐辛子を主語にすれば、「辛い、ひりひりする」という意味だが、picarse と再帰動詞にすると、自分がヒリヒリする、つまり腹を立てる意になる。

【参考】スペイン料理になくてはならないニンニクは、体を温め、元気にする食べ物とされる。ただ、食べると臭うので、周りに隠しようがなく、それなりの理由があることのたとえになる。

【用例1】Agustín: Hay personas tan avaras que les cuesta invitar a un café. Felipe: ¿No lo dirás por mí? ¡La semana pasada pagué yo! Agustín: No lo decía por ti. ¿Por qué te pones así? En fin, Quien se pica, ajos come.（アグスティン「コーヒー1杯おごってくれないケチな人間もいるよな」フェリーペ「俺のことか？　先週は俺が払ったぞ」アグスティン「お前のことなんかじゃない。どうしてそんなふうに思うんだ？　気が立っているのはニンニクを食べた奴ってことだね」）

【用例2】Juan: ¿No le has comprado a Pablito el cómic que te pidió? Va a creer que lo quieres castigar, y cogerá un berrinche de aúpa. Pepe: Nada de eso. Es que el quiosco estaba cerrado. Si se enfada por tan poca cosa, allá él. Quien se pica, ajos come.（フアン「パブリートが頼んだ漫画を買ってやらなかったのかい？　意地悪されたと思ってキレるぞ」ペペ「売店が閉まってただけさ。それっぽっちのことで怒るんなら勝手にしろ。気が立っているのはニンニクを食べた奴だからね」）

コラム——ことわざと Refrán

　スペイン語には、日本語の「ことわざ」に相当する単語が refrán、proverbio、paremia など、いくつもある。

　それらのなかで最も一般的なものは refrán。多くは作者不詳で、何世紀にもわたって民衆の中で親から子へと口伝えされ、繰返し使われてきたものだ。したがって文字を読めない人にも覚えやすい形と、なるほどと納得できる内容のものでなくてはならず、2つの部分（いわば、上の句と下の句）で構成され、簡潔で歯切れ良く、多くは韻を踏む。Al pan, pan y al vino, vino（パンはパン、ワインはワイン、p.74）など、主語や動詞を省いて、率直にズバリと伝えるものも多い。ユーモアや機知に富んだ表現が使われ、経験に基づき、だれもが認める普遍的な真実が語られる。どこでも誰にでもあてはまる道徳、健康、経済観念などを扱うもの、天気や気象に関するもの、農作業の指針となるもの、迷信も含めテーマは多岐にわたる。

　proverbio も辞書では「ことわざ」と訳されるが、こちらは文学、宗教、教養などに基づくものが多く、文化的ないし知識人的な要素が濃い。複数形で Proverbios といえば、旧約聖書の「箴言」をさし、refrán に比べて倫理的、哲学的な意味合いが強い。

　paremia は、refrán、proverbio のほか dicho、adagio、sentencia など、格言、金言、箴言、警句などすべてを含む総称であり、paremiología（ことわざ学）もここから派生する。

　なんだか難しそうに思われたかもしれないが、じつは日本語も「ことわざ」だけではなく、「たとえ」（ことわざの意）といったり、「俚諺」、「俗諺」と漢語で言うこともある。なんと呼ぶかはこれくらいにして、スペイン語の個々のことわざの意味や用法を知り、ことわざを活用して、楽しんでいくこととしたい。

第2章

どこの家でもソラマメを煮ている

〔19〕En todas partes cuecen habas.

　　どこの家でもソラマメを煮ている

【意味】困った問題や悩みはどこでも、どんな環境にもあるものだ。
【用法】欠陥や不幸はどこにでもあるのだから、あなただけが不幸なのではないと慰めて言うことが多い。
【ポイント】スペインでは、ソラマメは貧しい人たちの食料であり、また動物の飼料でもあったことから生まれた表現といえよう。
【参考】「ドン・キホーテ」後編13章では En todas las casas cuecen las habas y en la mia a calderadas.（どんな家でもソラマメを煮ている。うちではもっと大量に）という。うちの問題はもっと深刻なんだ、と強調するもので、この形で使われることも多い。
【用例1】Miguel: ¿Has leído esto, Xavier? Corrupción política, corrupción económica, aumento del desempleo...¡Cómo está el mundo! Xavier: Pues da una ojeada a las páginas de información nacional y verás cómo estamos aquí: ¡En todas partes cuecen habas!（ミゲル「これ読んだか？　政治の腐敗、経済の腐敗、失業の増加。世の中どうなってるんだ！」ハビエル「国内のニュースの紙面をめくってみればわかるだろう。どこの家でもソラマメを煮ているんだ」）
【用例2】Luis: En el Supermercado X de mi barrio se han encarecido mucho los comestibles. Si quiero ahorrar, tendré que ir a comprar a tu barrio. Paco: Pues no ganarás nada con el cambio. En el Supermercado Z los precios están por las nubes. ¡En todas partes cuecen habas!（ルイス「うちの地元のXスーパーでは食料品が品薄になってきている。節約するなら、君の家の方に買いにいかなくちゃならないね」パコ「そんなことしても得はしないね。Zスーパーの値段はうなぎのぼりだ。どこの家でもソラマメを煮ているんだよ」）

第2章　どこの家でもソラマメを煮ている

〔20〕El Mundo es un pañuelo.

世界は1枚のハンカチ

【意味】世間は広いように見えるが、案外せまいものだ。

【用法】例えば友だちの友だちが自分の友だちだったり、遠く離れたところで、たまたま知り合いと出会ったり、また、話の中で偶然に二人とも知っている第三者が話題にのぼることがある。そんな時に「なんて世間はせまいんだ！」と思わず口にする。

【ポイント】世界は広いけれど、ハンカチのように小さい。「大きいもの」と「小さいもの」の対比が際立つ。また世の中は複雑に見えて、ハンカチのように意外とシンプルだとも言える。冠詞を省略し、Mundo で始めてもよい。

【参考】旅先で友達とバッタリ会う、会話の中で知り合いの名前がふと出てくる、などの経験は誰にでもあるはず。まして、今ではフェイスブックなどで、誰かの友達リストの中に自分の友達を見つけるなど、確率はますます高まっている。

【用例】Felipe: ¿Tú por aquí, Tomoko? ¡Qué sorpresa! Creía que estabas en Tokio, con tu familia. Tomoko: Sí, vivo allí; pero el mes pasado me encontré con nuestro amigo Pedro, que estaba en Tokio visitando la empresa de mi tío; me invitó a volver con él a España y... ¡aquí estoy! Felipe: ¡Quién lo iba a imaginar! Verdaderamente, El mundo es un pañuelo.（フェリーペ「トモコ、なんでここに？　驚いたなあ。東京で家族と一緒だと思っていたよ」トモコ「そう、東京に住んでいるわ。でも先月東京で、叔父の会社を訪ねてきたペドロと出会ったの。それで一緒にスペインへ行こうって誘われた。だからここにいるっていうわけ」フェリーペ「まったく想像もしなかったよ。まさに、世界は一枚のハンカチだね」）

〔21〕A buen hambre no hay pan duro, ni falta salsa a ninguno.

ひもじければ硬いパンはなく、ソースもいらぬ

【意味】お腹が空いていると、どんな食べ物もおいしく感じられる。

【用法】後半の ni falta salsa a ninguno. は省略することも多い。日本語では「ひもじい時にまずいものなし」。広い意味では、食べ物と限らず、必要に迫られている時にはとやかく文句はいわないという文脈でも用いられる。また hambre には「渇望」の意味があり、人との関係を欲している場合にも用いることができる。

【参考】No hay mejor salsa que hambre.（空腹に優るソースはない）ともいう。「ドン・キホーテ」後編5章には、サンチョとその妻テレサの愉快なことわざの応酬の中で La mejor salsa es el hambre.（この世で最高のソースはひもじさ）というくだりがある。

【用例1】Viajero: Tráigame el menú, por favor. Camarero: La cocina ya está cerrada. Sólo puedo servirle uno de los bocadillos que sobraron del desayuno. Viajero: Sí, sírvamelo, por favor, porque A buen hambre no hay pan duro.（旅人「メニューを持ってきてください」ウェイター「キッチンはもうおしまいです。朝食の残りのサンドイッチしかお出しできません」旅人「わかった。それをお願いします。ひもじければ硬いパンなしだから」）

【用例2】El mejor pan que he comido en mi vida era pan muy duro y moreno que comí en la montaña cuando no había comida y tuve muchísimo hambre. Mi experiencia señala que es verdad el refrán que dice A buen hambre, no hay pan duro.（山で腹がへって食べ物がなかった時に食べた固くて茶色いパンは最高においしかった。経験からして、ひもじければ硬いパンなし、ということわざは本当だ。）

第2章　どこの家でもソラマメを煮ている

〔22〕A caballo regalado, no le mires el diente.

もらった馬の歯を覗くな

【意味】ただで貰ったものに、あら探しをしてはいけない。

【用法】贈られたものはなんであれ、ケチをつけずに受け取るべきだ、と教える。前半だけでも通用する。

【ポイント】馬はことわざに頻繁に登場するが、これは19世紀まで馬が主要な交通手段、また農作業の担い手であり、日常生活になくてはならない動物だったせいだろう。

【参考】馬の年齢や健康状態は外見ではわからないので、大昔から博労（馬の仲買人）が馬の価値を鑑定するために馬の臼歯の減り具合を確認してきた。その慣わしが背景にあって、相手が好意でくれたものは欠点を探さずに喜んでもらえ、という意味の表現となった。

【用例1】Concha: Pedí a Adela que me comprara un chal de seda cuando fue de vacaciones a India. A regresar de su viaje, ella me regaló un chal. Bueno, no es de seda ni tiene un color que me agrade. Elena: No puedes quejarte de este regalo. ¡A caballo regalado, no le mires el diente!（コンチャ「アデラがバカンスでインドに行くというから、絹のショールを買ってきて、と頼んだの。帰ってきてプレゼントしてくれたのは絹でもないし、私の好みの色でもない」エレナ「プレゼントに文句言う筋合はないわ。もらった馬の歯を覗くな、よ」）

【用例2】Ana: Yo me apunté a una clase de Yoga y me regalaron una camiseta. Es de la marca peor. No quiero ponerlo cuando practico. Eva: Es un regalo. A caballo regalado, no le mires el diente.（アナ「ヨガのクラスに申し込んだら、Tシャツをくれたの。最低のメーカーのもので、練習の時に着たくないわ」エバ「だってプレゼントでしょ。もらった馬の歯を覗くなというわ」）

〔23〕Más vale prevenir que curar.

治療より予防がまし

【意味】悪いことが起きてから何とかしようと思うよりも、始めから問題が起こらないように対策を立てる方がよい。

【用法】病気にならないように日頃から注意し、養生することが大切という「予防医学」の考え方であるが、医療に限らず、社会問題にも比喩的に広く使われる。「転ばぬ先の杖」にも通じる。

【ポイント】Más vale ... que ～（～よりも…の方がいい）という言い方はスペインのことわざに頻繁に登場する。

【参考】Más vale prevenir que lamentar.（嘆くより予防がまし）も同じ意味でよく使われる。

【用例1】Mayu: Muchas personas están practicando Taichi en España. ¿Es soló una moda pasajera? Isabel: No, no es eso: creo que más bien se debe a que la gente prudente no quiere gastar mucho en medicina si se pone enfermo, y se dice que Más vale prevenir que curar.（まゆ「スペインで太極拳をやっている人は多いのね。一時的な流行かしら？」イサベル「そうじゃないわ。用心深い人たちは病気になった時に薬代をたくさん払いたくないってことじゃないかしら。治療よりは予防がましって言うわ」）

【用例2】José: El Ministro ha confirmado un importante aumento del presupuesto destinado a Educación. ¡Una buena noticia! Ana: Estoy segura de que cuanto más se invierta en educar a niños y jóvenes, menos personas habrá en las cárceles: Más vale prevenir que curar.（ホセ「教育予算をかなり増やすと大臣がはっきり言ったよ。いいニュースだ」アナ「子どもたちの教育に投資すればするほど、刑務所に入る人は少なくなるのは間違いない。治療より予防がまし」）

第 2 章　どこの家でもソラマメを煮ている

〔24〕 Hombre prevenido vale por dos.

用意周到な人は二人分に値する

【意味】用意周到なしっかり者は、ふつうの人と比べたら価値は二倍あるに等しい。

【用法】用心して行動することを勧める場合に用いる。慎重にしていれば騙されることはなく、困難の半分は克服できたと同じなのだから。Hombre prevenido（用意周到な人）、または Hombre precavido（用心深い人）と前半だけを言うことも多い。Hombre は男、人の両方に訳せるが、女性に特化して Mujer prevenida vale por dos.「しっかり女は二人分に値する」とも言う。

【参考】「ドン・キホーテ」後篇 17 章にある Hombre apercibido medio combatido.（備えあれば半ば勝利）は、戦いに限らず、備えは何者にも勝る武器となることを教える。Ten siempre una vela encendida por si otra se apaga.（ローソクが一本消えてもいいように、いつも予備の一本を点けておきなさい）という類例もある。

【用例1】José: Ahí viene Ramón. Y ¿por qué lleva un paraguas, si hace un día soleado, sin una nube en el cielo? Raul: Ya sabes que tiene sus manías; habrá pensado que Hombre prevenido, vale por dos.（ホセ「ラモンだ。なんで傘を持ってんだ？　雲一つない天気だぜ」ラウル「いつものことさ。用意周到な人は二人分に値するってね」）

【用例2】Xavier: Dame la factura del consumo eléctrico del mes pasado. La tengo que archivar, junto con los demás facturas; nos servirán cuando debamos pagar los impuestos. Julia: Haces bien, porque Hombre prevenido vale por dos.（ハビエル「先月の電気代の請求書をくれ。他の請求書と一緒に保管しておくから。納税のときに役立つからね」フリア「えらい！　用意周到な人は二人分に値する、だわね」）

〔25〕No se puede repicar y andar a la procesión.

　　鐘を鳴らしながら行列には加われない

【意味】二箇所に同時にいたり、二つのことを同時にすることはできない。

【用法】二股をかけずに、一つのことに集中せよ、と教える。

【ポイント】repicar は教会の鐘を鳴らす、procesión はマリアやキリストの像を担いで行列をする宗教行事。鐘は建物の高いところにあり、その下から離れると鳴らせなくなる。カトリックの国に特有な表現を使った譬えが面白い。行列の代わりにミサを用い、No se puede estar en misa y repicando.（鐘をつきながらミサにはいられない）とも言う。

【参考】フランス語では「かまどと粉ひき小屋に同時にいることはできない」と言う。

【用例1】Jorge: Durante las próximas vacaciones quiero revisar el manuscrito del libro.También quiero pasar unas semanas en la playa. Pilar: Yo, en tu lugar, renunciaría la playa, para concentrarme sólo en el trabajo, porque No se puede repicar y andar a la procesión.（ホルヘ「夏休みには本の原稿を仕上げたいし、海で何週間か過ごしたいんだ」ピラール「私なら海はあきらめて、仕事に集中するわね。鐘を鳴らしながら行列に加われないんだから」）

【用例2】Paco: ¡El niño está llorando! ¡Hay que darle el biberón! Josefina: ¡Pues ve tú a ver qué le pasa! ¡Yo estoy preparando la cena! ¡No se puede estar en misa y repicando!（パコ「子どもが泣いてるよ！ ミルクをやらなくちゃ！」ホセフィナ「あんた、見に行って。私は夕食の支度しているんだから。ミサに参列しながら鐘は鳴らせないのよ」）

第 2 章　どこの家でもソラマメを煮ている

〔26〕Donde hay patrón, no manda marinero.

船頭の前で水夫は口出ししない

【意味】上官（上司）がいるところでは、下士官（部下）は指揮権を侵害してはならず、命令をすることはできない。権限をもっている者の言うことは尊重しなくてはならない。

【用法】組織の中では上下関係を尊重することが基本であることを示すのに用いる。非常によく使われ、前半だけでも通じる。

【参考】日本語の「船頭多くして船山に登る」は、指揮する人が多くいると失敗するということなので、このことわざのニュアンスとは異なる。こちらには Barco que mandan muchos pilotos, pronto va a pique.（多くの船長が指揮すると諍いが起こる）が近い。

【用例1】Miguel: El Jefe de la Sección dice que debes quedarte a recoger todos los informes terminados. Ramón: ¿Por qué siempre a mí me toca quedarme? Miguel: Obedece sin quejarte, Ramón; y recuerda que Donde hay patrón, no manda marinero.（ミゲル「課長が君に、残業して報告書を全部まとめろ、と言っているよ」ラモン「どうして俺がいつでも残業なんだ？」ミゲル「文句を言わずに言うこと聞けよ。船頭の前で水夫は口出ししないってことを忘れるな」）

【用例2】Paco: Hemos de exigir al profesor que aplace una semana el examen. Así tendremos más tiempo para prepararlo. Luis: El está sujeto al calendario. No creo que acepte. Además, ten presente que Donde hay patrón, no manda marinero.（パコ「先生に試験を一週間延期するように要求すべきだ。そうすれば試験の準備にもっと時間がとれる」ルイス「先生は日程通りにするよ。そんなこと認めないと思うよ。船頭の前で水夫は口出ししないものだぞ」）

〔27〕Dime con quién andas y te diré quién eres.

誰と付き合っているか言えば君の正体がわかる

【意味】良くも悪くも人の行動や習慣には仲間や環境の影響が大きい。

【用法】よく行く場所や友達関係から、人の好みや趣味が推し量れるという意味で用いられる。「朱に交われば赤くなる」に通じる。

【参考】このことわざをもじったさまざまなバージョンが広告の文句などにも使われる。Dime cuánto dinero tienes y te diré qué tableta puedes comprarte.（いくら持っているかを言えば、どんなタブレットを買えるか教えてやろう）など。とかく悪には染まりやすいので、Las malas compañías corrompen las buenas costumbres.（悪い仲間はよい習慣を壊す）と警告するものもある。

【用例1】Marta: Mamá, invitaré también a Marcos, Alex, y Lola; son extravagantes pero simpáticos. Madre: Marta, no me gustan nada esos chicos. Ya sabes, Dime con quién andas y te diré quién eres.（マルタ「ママ、マルコスとアレスとロラも呼ぶわ。みんなイカれているけどいい子たちよ」母親「マルタ、私はあの子たち好かないわ。誰と付き合っているかであんたがどんな人間かわかるっていうことよ」）

【用例2】Juan: Soy amigo de dos hermanos de gustos opuestos: uno se relaciona con personas serias; el otro ha hecho amistad con gente frívola que solo piensa en divertirse. Paco: Pues no te será difícil deducir la diferente personalidad de tus dos amigos: Dime con quién andas, y te diré quién eres.（フアン「兄弟の友達がいるんだけれど、二人はまるで違うんだ。一人はまじめ人間と付き合い、もう一人は軽薄な遊び人と仲良しだ」パコ「二人の人間性の違いは歴然としている。誰と付き合っているかで、君の正体がわかるってものさ」）

第 2 章　どこの家でもソラマメを煮ている

〔28〕 Dios los cría y ellos se juntan.

神が創り、人々は集う

【意味】同じような性格や好み、意見を持ったものが自然に集まり仲間をつくる。

【用法】特に、良からぬ者は徒党を組みがちだなど、軽蔑的な意味で使われることが多い。一方で、友人や仲間だけでなく、見知らぬ人同士が出会って結婚する、という奇跡のような結びつきには神の意志が働くと考えられ、このことわざがよく引かれる。

【ポイント】「類は友を呼ぶ」ということだが、そこに神が介在しているとするのがこのことわざの特徴だ。たしかに、人の出会いは、夫婦ならずとも不思議な縁だと思うことは多い。「赤い糸で結ばれている」などというが、人の出会いは人智を超えた神の意志に帰するともいえ、理解を超える領域は神に、ということなのだろう。

【参考】英語では Birds of a feather flock together.（同じ羽根の鳥が集まる）。

【用例1】Paco: Me han dicho que Pepe, siempre tan solitario y borrachón, ahora tiene novia. Jorge: Sí, es Ana, que siempre está metida en el bar... ¡Dios los cría, y ellos se juntan!（パコ「ずっと独り身で飲んだくれのペペに、彼女が出来たってさ」ホルヘ「そう、いつも飲み屋に入り浸っているアナだよ。神が創り、人々は集う、だね」）

【用例2】María: Pues mi hija ha ido esta mañana a inscribirse en el Gimnasio, y allí ha encontrado a la tuya. Se ha llevado una agradable sorpresa. Pilar: Se ve que comparten la misma afición; ya se sabe: Dios los cría, y ellos se juntan.（マリア「うちの娘が今朝ジムに申し込みにいったら、おたくの娘さんに会ったんだって。嬉しいサプライズ」ピラール「趣味が同じようね。神が創り、人々は集うわけ」）

〔29〕A quién madruga, Dios le ayuda.

早起きする者を神は助ける

【意味】早起きして朝早くから働く人は、仕事がうまくいく。
【用法】早起きに限らず、早めに行動することをも勧める。
【参考】昔から早起きをする習慣は褒められてきた。しかし、父親が「早起きした人が財布を拾って得をした」と言うのを聞いた息子が「じゃあ、落とした人はもっと早く起きたのに損をしたということになるじゃないか」という反論した、という笑い話もある。その矛盾に反駁するために Si se levanta con buen fin（目的正しく起きれば）あるいは con buen pie（順調に起きれば）などと付け加えることもある。英語の The early bird catches the worm.（早起きする鳥は虫を捕まえる）に相当する。
【用例1】Sr. Garcia: Quiero tener el armario cuanto antes, José. ¿Cuándo vendrá a tomar las medidas? José: Hoy mismo pasaré por su casa, Sr. García. Porque ¡A quien madruga, Dios le ayuda!（ガルシア氏「ホセ、戸棚をできるだけ早くほしいんだが、寸法をいつ測りにきてくれるかね？」ホセ「今日にでも伺いますよ。ガルシアさん、早起きする者を神は助けますからね」）
【用例2】Esposo: Date prisa; hemos de llegar a la estación cuanto antes. Esposa: Tenemos tiempo de sobra; todavía falta una hora para la salida del tren. Esposo: Sí, pero quiero que lleguemos unos minutos antes. A quien madruga, Dios le ayuda.（夫「急げ。早く駅に着かなければ」妻「まだ時間はあるわ。発車まで1時間もあるわよ」夫「ああ、でも余裕をもって着きたいんだ。早起きする者を神は助けるからね」）

第2章　どこの家でもソラマメを煮ている

〔30〕A las diez, en la cama estés.

10時には床に就け

【意味】十分に休んで、朝早く起きられるように早く寝るのが良い。

【用法】このあとに mejor antes que después（できれば10時過ぎよりは10時前に）と付け加え、もっと早寝がよいと勧めることもある。

【ポイント】10時を強調し、動詞を最後に持ってくる構文である。

【参考】コロンビアでは si es posible a las nueve（できれば9時に）、ホンジュラスでは a las ocho（8時には）とさらに早い。農作業は朝が早いので、早寝は必須だ。Acostarse temprano y levantarse temprano, hacen al hombre sano.（早寝早起は人を健康にする）ともいう。電気がなかった時代とちがい現代人はとかく夜更かしが多い。昼寝（シエスタ）の習慣が一般的だったスペインでは、人びとは9時すぎに夕食を取るのふつうなので、このことわざは現代の都市生活にはそぐわない面もある。

【用例1】Elena: Voy a un concierto con Paco y sus amigos y después iremos a dar un paseo y a cenar. Madre: No vuelvas tarde. Aplícate el refrán: A las diez en la cama estés.（エレナ「パコたちと一緒にコンサートに行って、その後は散歩して、夕ご飯食べてくるわ」母親「遅くならないようにね。10時には床に就け、とことわざに言うからね」）

【用例2】Pedro: Voy a estudiar hasta la madrugada para preparar bien el examen de mañana. Padre: Está bién. Pero acuéstate temprano. Si no descansas, no rendirás lo suficiente en el examen. Haz caso de lo que te digo siempre: A las diez en la cama estés.（ペドロ「明日の試験に備えて明け方まで勉強するよ」父親「そりゃえらい。でも早く寝ろよ。休まないと力を十分に出せないぞ。いつも言っているように、10時には床に就くことだ」）

[31] A perro flaco, todo son pulgas.

やせ犬にノミ

【意味】不幸な人にさらなる不幸が襲いかかる。

【用法】不幸なことが度重なる時や、弱い人、貧しい人、虐げられている人に不幸が集中して起こる場合に用いる。日本語なら「泣き面に蜂」「弱り目に祟り目」というところか。

【ポイント】捨てられ、やせこけ、飢えた犬の背中にノミがたかっている姿は想像するだに哀れ。金持ちの太った犬にノミはつかない。貧富の格差がどんどん広がる今の社会を犬に託して言い表すようなことわざでもある。

【参考】セルバンテスは「犬の対話」という本の中で「不幸は不幸な者を探し、地の最果てに隠れていても見つけだす」と書く。Las desgracias nunca vienen solas.（不幸は単独ではやってこない）など、不幸を語る類例も多い。

【用例1】Jorge: Me despidieron de la empresa por la crisis; y, además, ahora el dueño de mi apartamento me ha aumentado el alquiler. Para postre, ¡mi novia me ha dejado! Ana: No te ofendas, Jorge, pero me recuerdas aquello de A perro flaco, todo son pulgas.（ホルヘ「会社の景気が悪くって首になった。その上アパートの大家が家賃を上げると。おまけに彼女にふられちゃったんだ」アナ「ホルヘ、気を悪くしないでね。やせ犬にノミっていうのを思い出すわ」）

【用例2】Estoy jubilado ya. Tuve que cerrar mi tienda; mis hijos se han casado y viven lejos; yo vivo solo y, como ves, necesito un bastón. ¡A perro flaco, todo son pulgas!（わしはもう仕事をやめ、店をたたんだ。子どもたちは結婚して、遠くに住んでいる。わしは一人暮らしさ。杖も必要だ。まったくやせ犬にノミってわけだ。）

第2章　どこの家でもソラマメを煮ている

〔32〕 A grandes males, grandes remedios.

大病には荒療治

【意味】重大な問題を解決するには、ためらうことなく断固とした手段に訴えるしかない。

【用法】病気になったらそれなりの対処をすべきで、深刻な場合には、荒療治も必要となる。さまざまな困難な課題、不幸に際して、問題の大きさに見合う大胆な手段を講じるべきだと、比喩的に用いる。

【ポイント】動詞を使わず grandes を繰り返し、簡潔。

【参考】経済危機に思い切った手を打て、など現在もよく使われる。ヒポクラテス（紀元前 469 ～ 377）の格言が元になったとされる。

【用例 1】Hijo: ¡Hace ya tres años que busco trabajo, pero todo ha sido inútil! Madre: Ya sabes que pagamos tus estudios con todos nuestros ahorros. Padre: Y ahora no tenemos un capital con que podrías fundar una empresa. Así que tendrás que pensar en buscar trabajo en el extranjero. A grandes males, grandes remedios.（息子「もう三年も仕事を探しているけど、何をやっても駄目だ」母親「お前の学費で貯金は使い果たしたわ」父親「お前が会社を起こすための資金なんてもうないぞ。だから、外国で仕事を探すことも考えなくちゃなるまい。大病には荒療治というからね」）

【用例 2】Manolo: El propietario me ha aumentado el alquiler del local donde tengo la tienda. ¡Voy a tener que cerrar mi negocio! Xavier: Tu problema tiene una sencilla solución. Alquilar otro local en un barrio más barato. A grandes males, grandes remedios.（マノロ「家主が店の家賃を値上げした。店じまいをするしかない」ハビエル「その問題なら簡単に解決できるさ。もっと安い別の場所を借りればいいさ。大病には荒療治だよ」）

[33] Donde menos se piensa, salta la liebre.

ウサギは思わぬところから跳び出す

【意味】突然のこと、予期しないことが起こる。

【用法】危険に対して備えをし、影響を最小限に留めるようにするのがよいと伝える一方、不意に現れるチャンスを活用せよと勧めることもできる。

【ポイント】家で飼うウサギは conejo、liebre は野ウサギで、突然跳び出してくる敏捷さが、思いがけない出来事に通じる。

【参考】「ドン・キホーテ」後編10章ではサンチョが「思いがけねえところから野ウサギが跳び出すともいうね」とことわざを引いて、「(お姫様の館が)朝になったから、それこそ思いがけねえ時にひょっこり見つかりそうな気がするからですよ」と語り、ドン・キホーテに、「ぴったりのことわざを持ち出してくるの」と褒められていた。

【用例1】Carlos: Después de buscarla por todas partes, di por pérdida aquella foto tan bonita de nuestro viaje a Paris. Pues, ¡ahora acabo de encontrarla entre las facturas! Nunca me habia pasado nada igual. Carmen: ¡Qué casualidad! Donde menos se piensa, salta la liebre. (カルロス「パリに旅した時の出来のよい写真を探せるだけ探したんだけれど、みつからなくてすっかり諦めてた。それが請求書の間から出てきたんだよ。こんなことがあるとはねえ」カルメン「まあ偶然だわね。思わぬところからウサギが跳び出したのね」)

【用例2】Ana encontró trabajo cuando ya no tenia esperanza. La contrataron en una buena empresa: Donde menos se piensa, salta la liebre. (アナは期待もしなかった時に仕事を見つけ、いい会社と契約できた。ウサギが思わぬところから跳び出した、というわけだ。)

第2章　どこの家でもソラマメを煮ている

〔34〕 Nunca diga de esta agua no beberé.

この水は決して飲まぬと言うなかれ

【意味】将来どんなことが起こるかは誰にもわからないから、むやみに断定的に言うべきではない。

【用法】断定的なもの言いに対して、あとで自分の身に何が起こるかわからないのだから気をつけろと警告するのに用いる。

【ポイント】現代スペイン語では、agua（水）は女性名詞だが、前の代名詞の女性形esta は、発音上aが重ならないようにesteにする。ことわざに古い語形が残っている例といえよう。

【参考】今は他人にもらう必要がなくても、他人の水で生き延びなくてはならないこともある。日常生活に不可欠な水を比喩的に用いて、将来どんなことが身にふりかかるかはわからない、と説く。

【用例1】Michiko: Te espero en Tokio; me encantaría hospedarte en mi casa. Alberto: ¡Gracias, Michiko! Me gustaría mucho, pero... ¡A mi edad, jamás podré hacer un viaje tan largo! Michiko: Nunca digas de esta agua no beberé.（ミチコ「東京で待っているからね。私の家にぜひ泊ってね」アルベルト「ミチコ、ありがとう！すごく行きたいけれど、この歳でそんなに長旅はできないよ」ミチコ「この水を決して飲まぬというなかれ、よ」）

【用例2】Abuelo: En mi infancia, cuando cumplí siete años me propuse no volver a leer cuentos nunca más. Pero ahora, vuelvo a leérselos, ilusionado, a mi nieto a la hora de acostarse.Rosa: ¡Qué sabio es el refrán que aconseja Nunca digas de esta agua no beberé!（おじいさん「わしが子どもの頃、7才になったらもう童話は読むまいと決めた。でも今また孫を寝かせる時に喜んで読むはめになっているよ」ロサ「この水を飲まずと言うなかれ、とはよくいったものですね」）

コラム──ドン・キホーテとことわざ

　本書のために100のことわざを選んでいったところ、図らずも「ドン・キホーテ」に登場するものが27例にも上った。17世紀にミゲル・デ・セルバンテスが著した『ドン・キホーテ・デ・ラ・マンチャ』は、あまりにも有名な古典文学で、聖書に次いで世界でもっとも多く読まれている本とされる。騎士道物語を読みすぎて現実と物語の区別がつかなくなった郷士が、遍歴の騎士、あるいは「憂い顔の騎士」と自らを称して、従者のサンチョ・パンサとともに冒険の旅に出かける物語だ。前篇、後篇からなるこの膨大な物語に散りばめられ、会話を生き生きとさせているのが「ことわざ」の数々。山崎信三氏は『ドン・キホーテのことわざ・慣用句辞典』のなかで約370のことわざと格言を取り上げている。

　セルバンテスは、ことわざを用いることで当時の話し言葉を登場人物に語らせ、民衆の考えを伝えた。ドン・キホーテとサンチョ・パンサのことわざの使い方は対照的であり、サンチョが発することわざには「塩豚」「パン」「空腹」など、食料や食事に関するもの、ロバや豚などの動物が登場するものなど、庶民の生活を反映したものが多い。後編67章では、二人によることわざの応酬が展開される。「"原因を取り去りゃ罪は省ける"って言うし、"目が見えなきゃ心も悩まぬ"だし、"羊毛を刈りに行って刈られて帰る"ですよ」と畳みかけるサンチョに、ドン・キホーテは「ことわざはもうたくさん」と呆れながらも、"砂漠で説教"、"母がお仕置きしてもラッパを吹き鳴らす"とことわざで切り返している。

　ドン・キホーテが引用することわざは69、サンチョは159。数の上でもサンチョが勝る。「ドン・キホーテ」が読みつがれてきたのは、文字の読めないサンチョの口から出る「俗」なことわざに負うところが大きいと言えるだろう。

第3章

2つの目より4つの目がよく見える

[35] Más ven cuatro ojos que dos.

2つの目より4つの目がよく見える

【意味】一人よりは二人で見たり考えたりする方がよい。一人だとうっかり見逃すこともあるが、別の目で他人が見て気づくことも多い。

【用法】重大なことを決める時には、他人の意見や助言を考慮することが大切だ。セカンドオピニオンを求める時などによく使われる。

【ポイント】日本語では「三人寄れば文殊の知恵」というが、スペイン語では「一人よりは二人」である。しかし、これは二人というよりは別の視点からの助言が望ましいということである。

【参考】英語では Two heads are better than one.（1つの頭よりも2つの頭）となる。

【用例1】Elena: No sé si someterme a la operación quirúrgica que me ha sugerido el doctor; quizás con otro tratamiento médico podría evitarla... Juan: ¿Por qué no consultas a otro especialista? Pedir una segunda opinión es una cosa muy normal. Te lo digo porque Más ven cuatro ojos que dos.（エレナ「医者が勧める手術を受けるべきかどうか迷っているの。別の治療をすれば手術しないですむかもしれない」フアン「別の専門家に聞いてみたら？　セカンドオピニオンを求めるのは当たり前だ。2つの目より4つの目がよく見えるよ」）

【用例2】Hija: Mamá, ¿podrás acompáñame a comprarme el vestido de novia? He visto uno precioso; me gusta mucho. Pero no acabo de decidirme. Madre: Claro que te acompañaré. Es mejor que también yo lo vea, pues Más ven cuatro ojos que dos.（娘「ママ、ウェディングドレスを買うのに付き合ってくれない？　すてきで気にいったのがあるんだけれど、まだ決めてないの」母親「もちろん行くわ。私も見た方がいい。2つの目より4つの目がよく見えるからね」）

第3章　2つの目より4つの目がよく見える

〔36〕Donde fueres, haz lo que vieres.

行った先では見たようにせよ

【意味】故郷や母国を離れ、他国へ行ったらその地の決まりや習慣に合わせるのがよい。

【用法】現地に住んでいる人たちがしていることにならうことを勧めるもので、「郷に入っては郷に従え」と同じ。

【参考】「ローマに行ったら、ローマ人のようにせよ」という意味のラテン語が起源。4世紀、キリスト教徒はミラノでは土曜日、ローマでは日曜日を安息日としていたが、どちらにすべきかと問われた聖アンブロシウスが「私はミラノではミラノの人びと、ローマではローマの人びとと同じ日に断食をする」と答えたという。

【用例1】Alberto: Kiyomi, cuando me presentes a tus amigos, ¿cómo tendré que saludarles? Sé que los japoneses lo hacéis con una inclinación de cabeza, y yo no quisiera parecer descortés. Kiyomi: Nosotros también podemos dar abrazos, como hacéis en España. Conocemos el refrán:Donde fueres, haz lo que vieres.（アルベルト「キヨミ、ところで君の友達にぼくを紹介してくれる時に、どんなふうに挨拶したらいい？　日本人はお辞儀をするけれど、失礼になってはいけないからね」キヨミ「私たちもスペインではスペイン人のようにハグするわ。行った先では見たようにせよってことわざを知っているから」）

【用例2】Arturo: Si en los postres sirven fruta, ¿tendré que comerla usando tenedor y cuchillo? Mamá: No te preocupes, Sigue el consejo de la abuela: Donde fueres, haz lo que vieres.（アルトゥロ「デザートにフルーツが出たら、ナイフとフォークを使って食べなくちゃいけないの？」母親「大丈夫。おばあちゃんの教えどおりにすればいいのよ。行った先では見たようにしなさい、って」）

[37] De tal palo, tal astilla.

この木にしてこの木っ端

【意味】木の木っ端は元の木と同じ性質を持つ。血は争えないことのたとえ。

【用法】親と子どもが似ている、子どもの長所や短所が親と同じであるということを表す。元のものに似ているものに適用される。

【ポイント】palo は材木、astilla は斧やノコギリで切ったあとに生じる木屑。同じ木から生じるものを親と子になぞらえて用いているところが面白い。

【参考】日本語のことわざの「瓜の蔓に茄子はならぬ」、「蛙の子は蛙」などに近い。Cual es la madre, así las hijas salen.（この母にしてこの娘たち）De tal maestro, tal discípulo.（この先生にしてこの生徒）などバリアントが多い。

【用例1】Luis: El trompetista del primer piso ensaya todas las tardes. ¡Tengo que encerrarme en mi cuarto para estudiar! Además, parece que su hija está estudiando piano. Paco: ¡Sí, me ha dicho que ensayará los sábados por la mañana! ¡De tal palo, tal astilla!（ルイス「一階のトランペット吹きが毎日午後に練習するんで、部屋を閉め切らないと勉強できない。娘もピアノをやっているようだし」パコ「毎週土曜の午前中に練習するってさ。この木にしてこの木っ端だね」）

【用例2】Pablo: Juan ha sido el primero en terminar todos los ejercicios. Se le dan muy bien las matemáticas. Pedro: ¡Claro! Su padre es profesor de matemática en la Universidad. ¡De tal palo, tal astilla!（パブロ「フアンはどんな練習問題も一番先に終える。数学が得意なんだ」ペドロ「当然だよ。お父さんが大学で数学の先生なんだから。この木にしてこの木っ端、だよ」）

第3章　2つの目より4つの目がよく見える

〔38〕De casta le viene al galgo el ser rabilargo.

純血のガルゴは尻尾が長い

【意味】子どもたちは両親の資質を受け継ぐものだ。
【用法】素行のよさも悪さも子どもは親から学ぶ。動物の血統にたとえて、人間の資質や家系が引き継がれていくことを言う。
【ポイント】尻尾の長いことを意味する rabilargo は rabo（尻尾）と largo（長い）が組み合わさった単語。galgo はグレイハウンドのスペイン語。元は De casta le viene al galgo. だったが、のちに el ser rabilargo を加え、韻を踏むようにしたとされる。
【参考】狩猟犬であるグレイハウンドは、俊足でスタイルがよく貴族のみ所有できた特別の犬種。まさに「名門の出」「血統書付き」を表すのにふさわしい。
【用例1】Pilar: ¿Has visto, Marta, qué buen mozo está hecho el hijo de los Fernandez? Marta: Sí, es robusto y muy alto. Pilar: Es que sus padres tambien son altos y, claro, él no podía ser diferente, porque, De casta le viene al galga el ser rabilargo.（ピラール「マルタ、見た？　フェルナンデス家の息子、いい男になったわねえ」マルタ「そうね。たくましいし、とても背が高いわね」ピラール「両親も背が高いし、彼も高くて当然。純血のガルゴは尻尾が長いもの」）
【用例2】Prof. A: Óscar redacta muy bien, y con un vocabulario muy amplio. Prof. B: Quizás lo haya heredado de su padre, que habla a la perfección seis idiomas. Por algo se dice: De casta le viene al galgo el ser rabilargo.（教師A「オスカルは文章がうまいし語彙力も豊かだ」教師B「完璧に6ヵ国語を話す父親の血を引いているんだろう。純血のガルゴは尻尾が長いというところか」）

〔39〕A la vejez, viruelas.

年寄りに天然痘

【意味】年を取ってから天然痘にかかる。年不相応な、年甲斐もなく、という意味で使われる。

【用法】天然痘は、たいていは子どもがかかる病気である。そこで、老いることに抗して、若づくりする人のことを皮肉って言う。特に「老いらくの恋」を冷やかすのに使われ、「年寄りの冷水」に通じる。また、年取って免疫があるはずの人間が天然痘にかかる、ということで、油断をしてまさかの事態に陥るというニュアンスでも用いられる。

【ポイント】主語も動詞もないきわめて簡潔な表現でリズム感がある。

【参考】19世紀のスペインの劇作家ブレトン・デ・エレロスが老人の恋の移ろいを描いた作品のタイトルがこのことわざの起源となったという説もある。

【用例1】Ana: ¿Sabes que Juan, conserje jubilado, ha vuelto a casarse? ¡Y con una chica jóven de treinta años! Julia: ¡No me digas! ¡Pero si el tiene casi setenta! Ana: Si, pero ya ves. ¡A la vejez, viruelas!（アナ「ねえ、退職した守衛のフアンが再婚したって！ 30歳の若い女の子と！」フリア「ウッソ〜！ フアンって70くらいでしょ？」アナ「そう、まさに年寄りに天然痘なのよ」）

【用例2】Miguel: Luis ha dicho que durante la próxima liga quiere jugar en un equipo de fútbol, Pablo: ¡No me digas! ¡Pero, si ya ha cumplido setenta años! Miguel: Sí, ya ves … ¡A la vejez, viruelas!（ミゲル「ルイスが、来期のサッカーのリーグ戦ではどこかのチームでプレイしたいって言ってるよ」 パブロ「まさか！ もう70歳を超えただろ？」ミゲル「つまり年寄りに天然痘ってやつ」）

第3章　2つの目より4つの目がよく見える

〔40〕Más sabe el diablo por viejo que por diablo.

悪魔は、悪魔ゆえでなく、年寄りだから物知り

【意味】長い人生の経験から得られた知識が最も価値がある。
【用法】年を取った人は人生経験が豊富で、その助言は聞く価値があり、耳を傾けるように勧める時に用いる。
【参考】Buey viejo, surco derecho.（年老いた牛の畝はまっすぐ）、El mejor maestro es el tiempo y la mejor maestra la experiencia.（最良の師は時間、そして経験）なども「年の功」を称賛する興味深いことわざである。
【用例1】Pablito: ¡Qué vasijas y qué platos! Tienen una forma perfecta. El ceramista debe de ser un jóven que ha estudiado diseño. Abuelo: Conozco al ceramista; tiene mi edad, y no estudió nunca. Sin embargo, como lleva trabajando en su oficio desde muy jóven, atesora muchos conocimientos, porque Más sabe el diablo por viejo que por diablo".（パブリート「器もお皿の形も完璧だ！この作家はデザインを学んだ若者にちがいない」祖父「その陶芸家を知っているが、わしと同じくらいの年で勉強は何もしていない。でも若い時からずっと仕事をしていて多くのことを知っている。悪魔は、悪魔ゆえでなく、年寄りだから物知りなんだ」）
【用例2】El cliente: ¡Qué muebles tan bien diseñados! No es usted un artesano, sino un artista. El carpintero: Bueno, son muchos años los que llevo en el oficio y, como dice el refrán. Más sabe el diablo por viejo que por diablo.（客「この家具のデザイン、すばらしいね！貴方は職人というよりアーティストだ」大工「この仕事をずいぶん長いことやってますからね。ことわざに言うでしょう。悪魔は悪魔ゆえでなく、年寄りだから物知りなんですよ」）

[41] Quien bien te quiere, te hará llorar.

お前を大好きな人がお前を泣かせる

【意味】言われた当人には辛くても、間違ったことをした時には叱ったり、正したりするのが本当の愛情というものだ。

【用法】教育やしつけの厳しさを正当化するときに使われる一方で、間違いをきちんと指摘することが本当の愛情だと教える時にも用いる。

【参考】「愛の鞭」に近く、「可愛い子には旅をさせよ」にも通じる。ラテン語の格言にも Quien bien ama, quien bien castiga.（大好きな者が罰を加える）とあり、昔から使われてきた表現である。

【用例1】Masako: Mi hija se queja a menudo de la profesora de piano; dice que, como siempre la riñe con mucha severidad cuando se equivoca, al finalizar los ensayos casi se le saltan las lágrimas. Emiko: Sí, esa profesora es muy exigente. Pero tu hija deberá tener presente el refrán que dice: Quien bien te quiere, te hará llorar.（マサコ「うちの娘は時々ピアノの先生のことでこぼしているわ。間違えるたびに本当に厳しく叱られるんで、レッスンが終わる頃にはもう泣きそうだって」エミコ「そうね、あの先生はすごく厳しい。でも娘さんには、お前を大好きな人がお前を泣かせる、ということわざを覚えてもらうといいわ」）

【用例2】Juan: El doctor me ha prescrito doce inyecciones. ¡Vaya tratamiento tan intenso! ¿No estará exagerando? Raul: No creo. El doctor es un buen profesional. Dicho de otro modo: Quien bien te quiere, te hará llorar.（ホセ「医者が注射を12本も処方したんだ。大袈裟すぎないか？」 ラウル「そうじゃないさ。あの医者は腕はたしかなプロだからね。言うなれば、お前を大好きな人がお前を泣かせるってことだよ」）

第3章　2つの目より4つの目がよく見える

〔42〕La letra, con sangre entra.

学問は血を流して身につく

【意味】何かを学び、精通するには、血のにじむようなたゆまぬ努力が必要だ。

【用法】子どもに何かを教えたり、勉強を習慣づけるためには厳しさが必要であるという「躾(しつけ)」の意味にもなり、また学問や仕事で成功するには努力をしなくてはならない、という意味でも使われる。

【ポイント】letra, entra と韻を踏み、簡潔でリズミカルである。

【参考】かつて教育の場で体罰を容認する文脈で引かれることがあった。しかし、体罰が否定される現代、後半に pero con dulzura y amor se enseña mejor.（しかし優しさ、愛情がある方がもっと身につく）を加えることもある。

【用例1】Jaime: En el próximo sábado, te esperamos en la fiesta de mi cumpleaños. Pepe: No puedo ir. He de preparar un examen durante este fin de semana. Jaime: ¿Y vas a perderte una fiesta divertida por repasar lecciones de matemáticas? Pepe: Pues, si; no tengo más remedio: La letra, con sangre entra.（ハイメ「今度の土曜日僕の誕生日パーティに来いよ」ぺぺ「この週末はずっと試験勉強しなきゃならないから、行けないな」ハイメ「数学の復習のために、パーティをふいにするの？」ぺぺ「仕方ないよ。学問は血を流して身につくからね」）

【用例2】Juan: Un profesor, si no respondías correctamente a sus preguntas, te daba con una vara en la palma. José: ¡Qué bruto! Ese era el método educativo, cuando se creía que La letra con sangre entra.（フアン「質問に正しく答えられないと、掌を棒で叩いた教師がいたな」ホセ「ひどいね。学問は血を流して身につくとされていた時代の教え方だね」）

〔43〕Cada oveja con su pareja.

どの羊にも似合いの連れ合い

【意味】同じような境遇の者と一緒に暮らすと安心できる。

【用法】誰にでも相応の連れ合いが見つかる、ということだが、とりわけ、人は似たような境遇の人と生活を共にするのがよい、と教える。「牛は牛連れ馬は馬連れ」、「似たもの夫婦」、「割れ鍋にとじ蓋」に近い。このような結婚観は現代では通じにくくなり、結婚相手も、経済的、社会的に釣り合う者よりも、価値観や好みを共有できる者を選ぶようになってきている。また、人は同じような好みを持った人と群れるという意味でも使われ、「類は友を呼ぶ」に通じる。

【ポイント】oveja、parejaと脚韻が効き、動詞のない簡潔な表現。

【参考】スペイン、特に中央部のカスティリャ・マンチャ地方は羊が多く、ことわざにも頻繁に現れる。「ドン・キホーテ」後篇19章でサンチョがこのことわざを引いて、「人はそれぞれ同じ身分の者どうしで夫婦にならなきゃいけねえっていう考えだからね」と言う。53章でも「自分のシーツの外に脚を伸ばすな」とともに、分相応に暮らすのがよいという意味で使われている。

【用例】Paco: He de confesarte, Xavier, que cada día que pasa me atrae más Rita. Creo que estoy enamorado de ella. Xavier: ¿Tú, un simple empleado, pretender a Rita, la hija única del director general? ¡Ni se te ocurra!, Esa chica no es para ti: ¡Cada oveja con su pareja!（パコ「ハビエル、打ち明けてしまうけど、日に日にリタが好きになるんだ。どうやら恋してしまったらしい」ハビエル「ただの従業員のお前が部長の一人娘のリタをものにしようっていうのかね。ありえないよ、あの娘はお前には向かない。どの羊にも似合いの連れ合い、というぜ」）

第3章　2つの目より4つの目がよく見える

〔44〕 Más vale solo que mal acompañado.

悪い仲間と一緒より一人がまし

【意味】好ましくない人と一緒にいるよりは一人でいる方がいい。

【用法】一緒にいたくない人と時間や行動を共にするよりは、一人でいる方が時間を無駄にしないですむ。好ましくない人間関係、「腐れ縁」などは断ち切るべき、と教える。友だち、恋愛、夫婦関係などさまざまな人間関係に使われる。

【参考】15世紀のスペインの有名な古典文学「ラ・セレスティナ」にも Valiera más solo que mal acompañado.（悪い仲間と一緒にいるよりは一人の方がよい）が見られる。また、Más vale solo andar que mal casar.（不幸な結婚をするよりは一人で居るほうがいい）と結婚生活と一人暮らしを対比して使うバリアントもある。

【用例1】Miguel: ¡Hola, Paco! ¿Hoy vienes solo a esta biblioteca? Paco: Si.Carmen es charlatana y me impide concentrarme. No podría preparar el examen. Miguel: Es cierto, porque Más vale estar solo que mal acompañado.（ミゲル「今日は一人で図書館に来たのかい？」パコ「ああ、カルメンはおしゃべりで、集中させてくれないんだ。試験勉強ができないからね」ミゲル「そりゃそうだ。悪い仲間と一緒より一人がまし、というからね」）

【用例2】Mariano: Pepe me ha invitado al cine, pero no sé si acompañarlo. No soporto tenerle al lado mientras come palomitas durante toda la proyección. Juan: Harás bien en no acompañarlo, porque Más vale estar solo que mal acompañado.（マリアノ「ペペが映画に誘ってくれたけど、どうしようかな。観てる間ずっとポップコーンを食べ続けているのがいやでねえ」フアン「一緒に行くのはやめときな。悪い仲間と一緒より一人がまし、というぜ」）

〔45〕El huésped y la pesca, a los tres días apestan.

客と魚は３日で鼻につく

【意味】客も３日いれば、腐った魚のようにうっとうしくなるものだ。

【用法】訪れた当座は歓迎された客も、何日か経つと迷惑になることを、３日もすれば悪臭を放つ魚にたとえていう。

【参考】18世紀のフランスの啓蒙哲学者、ボルテールが自分の城に３ヵ月も逗留していた客のことを「ドン・キホーテとこの紳士の違いは、前者が城と思って宿屋に泊ったのに、後者は宿屋と思って城に泊まったことだ」と言ったという。このことわざは、ボルテールの苦言に習い、客にはあまり長居せず、ほどほどのところで引き上げるのが賢明だと教え、主人のもてなし過ぎをも諫めている。

【用例１】Juana: ¡Me gustaría visitar Japón! ¡Es el sueño de mi vida! Miki: Ya sabes que puedes venir cuando quieras. En mi casa tienes reservada una habitación. Juana: Muchas gracias. Pero solo estaría dos o tres días; después visitará otras ciudades. Se dicen que El huésped y la pesca, a los tres días apestan.（フアナ「日本に行ってみたい。それが私の夢」ミキ「いつでもどうぞ。私の家にはいつも泊まれるわ」フアナ「ありがとう。でも２、３日したら他に行くわ。客と魚は３日で鼻につく、というでしょ」）

【用例２】No soy partidario de estar en casa de Marcos en Madrid más de tres días. El está muy ocupado. El huésped y la pesca, a los tres días apestan.（マドリッドでマルコスの家には２、３日しかいないつもりだ。彼は忙しいしね。客と魚は３日もすれば鼻につくから。）

第3章　2つの目より4つの目がよく見える

〔46〕A enemigo que huye, puente de plata.

逃げる敵には銀の橋

【意味】敗走する敵には、追い打ちをかけるのではなく、退路を用意してやるのがよい。

【用法】戦争の場面だけでなく、他人に迷惑をかけたり、不快感を与える者に、もめ事にならないうちにお引き取り願う方がよい、と勧める時に使われる。

【参考】「武士の情け」に通じ、「銀の橋」の代わりに、「金の橋」や「十の祝福」とするバリアントもある。「ドン・キホーテ」の後編58章に「ここで、おぬしらを待ちうけるは、ただ一人の騎士なるぞ。しかも"敗走する敵には銀の橋を渡してやれ"というような騎士たちとは、性質も意見も異にする騎士じゃ」とある。ナポリ王国を占領していたフランス軍とスペイン軍が闘った時、カスティーリャの大指揮官ゴンサロ・フェルナンデス・デ・コルドバ（1453～1515）が、スペイン軍の奇襲で蜘蛛の子を散らすようにフランス兵が逃げるのを見て、言った言葉がこのことわざの起源とされる。

【用例】Vecino A.: Me he enterado de que la vecina del 5º piso, la dueña del perro que molesta a todo el vecindario, porque todo el día está ladrando, se trasladará pronto a vivir al otro extremo de la ciudad... Vecino B.: ¡Esa es una buena noticia! Yo le pagaría los gastos del transporte de sus muebles y del perro, con tal de que se fuera hoy mismo, porque A enemigo que huye, puente de plata.（住人A「5階の犬を飼っている人だけど、犬が一日中吠えて迷惑かけているからって、市内の別のところに引っ越すそうだよ」住人B「それはいい。家具や犬の運送料払ってもいいから、今日にでも出ていってほしいね。逃げる敵には銀の橋というからね」）

[47] Más vale pájaro en mano que ciento volando.

手中の一羽は空中の百羽にまさる

【意味】量は多いが不確かなものを求めて、量は少なくても確かなものを手放してはならない。

【用法】良さそうに見えても不確かなものには手を出さないほうがよい。巧い話にだまされないようにとの警告にも使われる。

【参考】他の言い方に、Más vale un toma que dos te daré.（二つの約束よりも、いまの一つのどうぞ）があり、将来のこと（te daré＝君にあげよう）より、現在確かなこと（toma＝あげる）がまさるとする。日本語の「明日の百より今日の五十」に近い。英語ではA bird in the hand is worth two in the bush.（手中の一羽は藪の中の二羽に値する）という。スペイン語では、逆にEl que no arriesga, no gana.（危険をおかさなければ得られない）と、冒険を勧める表現もある。

【用例1】Juan: Aquí gano un buen sueldo, pero no tengo posibilidades de promocionar. Quisiera aceptar la oferta que me hace otra empresa. Leonor: Recuerda el refrán: ¡Más vale pájaro en mano que ciento volando!（フアン「ここでの稼ぎはまあまあだけど昇進の見込みがない。他企業からのオファーを受けようかと思うんだ」レオノール「手中の一羽は空中の百羽にまさるってこと忘れないで」）

【用例2】Esther: Este vestido me gusta, pero me parece algo caro. Quizá debería esperar y comprarlo durante las rebajas. Pilar: Para las rebajas quizá lo hayan vendido. Más vale pájaro en mano que ciento volando.（エステル「この服気に入ったけれど、ちょっと高いわ。バーゲンを待って買うべきね」ピラール「バーゲンまでには売れてしまうわよ。手中の一羽は空中の百羽にまさるんじゃないかしら」）

第3章　2つの目より4つの目がよく見える

〔48〕 Quien mucho abarca, poco aprieta.

たくさん抱え込むとわずかしか握れない

【意味】多くのことを同時に抱え込んで、あれもこれもと頑張ると、結局どれ一つ思い通りの結果を出すことはできない。

【用法】多くのことを同時に成し遂げるのは至難の業だから、力を分散せずに一点に集中すべきだと教える。

【ポイント】mucho（たくさん）と poco（わずか）が対になり、abarca、aprieta とリズム感をもたせている。スペイン語圏で広く使われるいることわざで、Quien mucho abarca だけでも十分通じる。

【参考】Quien dos liebres sigue, tal vez caza una, y muchas veces ninguna.（二兎を追うものは一兎も得られないことが多い）も同義。同時にいくつものことができると誰もが思っているマルチタスクの時代への警鐘ともなりうる。

【用例1】Víctor: ¿Qué haces tú? Fernando: He aceptado muchos encargos, y ahora no doy abasto. Estoy perdiendo clientes. Víctor: Está claro, que Quien mucho abarca poco aprieta.（ビクトル「どうしたんだい？」フェルナンド「たくさん注文を受けすぎて、納品が間に合わない。クライアントを逃してしまってるよ」ビクトル「当たり前だ。たくさん抱え込むとわずかしか握れないんだよ」）

【用例2】Paco: Ahora quiero hacer un máster de Física, y cuando acabe, me matricularé en la Escuela de Ingeniería. Juan: ¿Tendrás tiempo suficiente para profundizar en tantos estudios? ¡Quien mucho abarca, poco aprieta!（パコ「今は物理の修士過程をやりたい。終了したら工学部に入ろうと思うんだ」フアン「そんなにいくつもの学問をきわめる時間があるのかい？　たくさん抱え込むとわずかしか握れないよ」）

[49] A buen entendedor, pocas palabras.

わかりのいい人には一言二言

【意味】悟りのいい人、理解力のある人にはくどい説明はいらない。
【用法】頭のいい人は言わんとすることを直ちに理解するので話は少しほのめかす程度で十分、簡潔な表現でよい、と勧める。前半の A buen entendedor. でとどめることも多く、くどい説明は不必要でしょうね、と相手にわからせる。「釈迦に説法」に近い。
【ポイント】主語も動詞もない簡潔な表現で、ピシッと決めている。
【参考】Quien quiere ser rico, ahorre del pico.（金持ちになりたければ、口を慎め）というのも、話をする時は簡潔であれ、と勧める言い方。「ドン・キホーテ」後篇の37章では、サンチョ・パンサが「まあ、物分かりのいい者には、くどくどいうまでもなかろうがね」とドン・キホーテや公爵に言う場面がある。
【用例1】María: ¿Qué te ha dicho el doctor? Rafael: No me quiso asustar, pero me dijo que, lamentablemente, mi enfermedad empieza con la letra c, y que A buen entendedor. María: ¡Ay! Tienes cáncer, ¿verdad?（マリア「先生はなんて言ってた？」 ラファエル「俺にショックを与えまいとしていた。でも、残念ながら俺の病気はCで始まる病気だ（注：cáncer ガンのこと）と。わかりのいい人には…ってわけだ」マリア「ええっ！ ガンなの？」）
【用例2】María: ¡Por favor! ¡Acabad esa discusión inútil! Os estáis comportando como… como unos… Y no digo más, porque A buen entendedor, pocas palabras bastan.（マリア「お願い！ あんたたちそんな無駄な議論はやめなさい！ いったいなんなのよ。これ以上言わないわ。わかりのいい人には一言二言で十分なんだから」）

第3章　2つの目より4つの目がよく見える

〔50〕 Lo bueno, si breve, dos veces bueno.

良いものが簡潔なら二倍良い

【意味】内容が良く、しかも簡潔ならいっそうよい。

【用法】何事も簡潔で短いのがよい、と勧めるのに用いる。「量より質」が良いと教え、Más vale poco y bueno que mucho y malo.（質の悪い多くのものよりも、質がよくて少ない方がよい）に通じる。

【ポイント】冒頭の Lo bueno, si breve だけで使われることも多く、まさに簡潔そのものの表現になる。

【参考】このことわざの作者は17世紀のアラゴンの作家バルタサル・グラシアン。彼の作品 Oráculo manual y arte de prudencia（処世神託）には、哲学や道徳の教えを含む簡潔な格言が多く書かれ、今日でも十分に通用する処世訓となっている。グラシアンは、このことわざに、... y aun lo malo, si poco, no tan malo.（悪くてもわずかならば、それほど悪くはない）と続けている。

【用例1】Marta: ¡Qué maravilloso ha sido el concierto! Me ha encantado especialmente la interpretación del pianista. ¡Qué lástima que el programa fuera tan corto! Juan: Lo mismo pienso yo; pero consolémonos, porque Lo bueno, si breve, dos veces bueno.（マルタ「コンサート、すばらしかったわ。ピアニストの演奏が特によかった。プログラムが短いのが残念だったわね」フアン「ぼくもそう思うよ。でも良いものが簡潔なら二倍良いんだから、良しとするか」）

【用例2】Luis: Tómate un vaso de este vino. Es un Rioja de 1990. Antonio: Ya sabes que no entiendo de vinos. Ponme sólo medio vaso, que Lo bueno, si breve, dos veces bueno.（ルイス「このワイン1杯飲んでみろよ。1990年のリオッハだ」アントニオ「ワインのことはわからないんだ。半分だけ注いでくれ。良いものが簡潔なら二倍良い」）

コラム——聖人、神、聖書とことわざ

　カトリックの国スペインでは、毎日がいずれかの聖人の日で「聖人暦」があるほど。子どもが生まれると、その日の聖人の名前をつけることも多い。また、ポピュラーな名前をつけた場合も、多くは聖人に由来するので、誕生日とは別にその聖人の日を祝うこともある。カトリック教会が国の隅々まで君臨していた時代の名残だが、今日では教会に背を向ける人たちも多く、すべてのカレンダーに聖人の日が記されているわけではない。

　ことわざに宗教上の祝日が多く登場するのは、季節の移ろいの中で、農作業、家畜の世話などの指針となるせいだろう。例えば、11月11日のサン・マルティンの日は、ちょうど豚の屠殺の時期に当たり、A cada puerco le llega su San Martín.（どの豚にもサン‐マルティンの日がやってくる）は飽食の末、屠られる豚になぞらえて、怠惰を戒めることわざとなる。11月1日は諸聖人の日、11月30日はサン・アンドレスの日で、Por los Santos, nieve en los altos, por San Andrés, nieve en los pies.（諸聖人の日には高い所に、サン・アンドレスの日には麓に雪が降る）と、ことわざが歳時記として使われている例である。

　もちろん、万物の創造主である「Diós」（神）もよくことわざに登場する。どこの国にもあることわざ「早起きは三文の得」のスペイン語は、A quien madruga Diós le ayuda.（早起きする者を神は助ける、p.32）で、徳に叶ったことをすれば、神のご加護がある。

　また、Echar perlas a los puercos.（豚に真珠を投げる）、Entrad por la puerta estrecha.（狭き門より入れ）など、聖書の言葉を起源とすることわざも数多い。スペイン語のことわざを理解する上で、背後にあるキリスト教の歴史や文化を知ることはやはり必要なようだ。

第4章

招かれる者は多いが選ばれる者はわずか

〔51〕 Muchos son los llamados y pocos los escogidos.

招かれる者は多いが選ばれる者はわずか

【意味】望みを叶える人の数は望む人の数よりもずっと少ない。

【用法】求人よりも就職希望者がはるかに多い、誰もが応募できるのに少数の人にしか当たらない、などの場合に使われる。

【ポイント】muchos と pocos（多い、少ない）、llamado と escogido（招かれる、選ばれる）の対比がわかりやすい。

【参考】このことわざの起源は、新約聖書マタイ伝22章11～14節の「婚宴のたとえ」の最後にあるキリストの言葉。招きを受けて礼拝に加わる者は多いが、真に選ばれ、神の国に入るのを許されるのは、信仰を実践するわずかな人である、というのがこの話の教えである。

【用例1】Paco: ¡Ha visto cuánta gente está esperando! Juan: Sí, ahora seremos unas trescienta. Paco: ¡Pues la empresa sólo ofrece dos puestos! Así que Muchos son los llamados y pocos los escogidos. （パコ「見ましたか、待っている人の数！」フアン「300人もいますかね」パコ「会社が採用するのはたった2人。招かれる者は多いが選ばれる者はわずかってことですね」）

【用例2】Clara: A María le ha tocado la lotería. ¡Qué suerte! Con la de gente que participa en los sorteos, por tercera vez le ha vuelto a tocar. Sara: Así es, como en tantas cosas de la vida: Muchos son los llamados y pocos los escogidos.（クララ「マリアが宝くじに当たったわ。すごい幸運！くじを買う人は多いのに三度も当たったって」サラ「人生、そんなものよ。招かれる者は多いが選ばれる者はわずかと言うわ」）

第4章　招かれる者は多いが選ばれる者はわずか

〔52〕El saber no ocupa lugar.

知識は場所をとらない

【意味】学んで新しいことを覚えるのには何の不都合もない。
【用法】知識は持っていればいるほどよい、多すぎて邪魔になることもない、と教える。新たなことを学ぶ上でのモチベーションとなる。
【ポイント】「知る」という意味の saber がここでは「知識」という男性名詞として使われている。
【参考】この後に y por mucho que tengas, lo puedes aumentar. と続けて、「(知識は) 持てば持つほど、増やすことができる」と強調することもある。また、pero pesa, al referirse a los libros que contienen el saber.（しかし、知識が入っている本となると重い）と続けて皮肉る言い方もある。本は具体的に場所を取るものだが、そこから得られる知識に場所は必要ない。
【用例1】Madre: Ten este libro de matemáticas en tu viaje. Te servirá para preparar el examen de septiembre. Marisa: Pero, si ya no cabe nada más. Madre: Mételo en la maleta: El saber no ocupa lugar.（母「旅行する時にこの数学の本を持っていきなさい。9月の試験の準備に役立つから」マリサ「でももう入るスペースがないわ」母「スーツケースの中に入れなさい。知識は場所をとらないからね」）
【用例2】Juan: ¿Crees que he de leer algún libro sobre la historia de Venecia antes de viajar allí? Estoy suficientemente preparado con una buena cámara. Pablo: El saber no ocupa lugar y además te permitirá adquirir más conocimientos sobre Venecia.（フアン「ベニスを旅行する前に歴史の本を読んでおくほうがいいかな？ いいカメラももったし準備万端だよ」パブロ「知識は場所をとらないさ。それにベニスについての知識を豊かにしてくれるよ」）

〔53〕A río revuelto, ganancia de pescadores.

　　川をかき回して漁師は稼ぐ

【意味】川の水がかき混ぜられると魚が増えるように、混乱や対立が起こった時に、そのような状況に乗じて、利を得る人たちがいる。

【用法】直接には、自分で騒動を起こし、他人を犠牲にして稼ぐ悪い人のことを述べているが、他人の混乱や対立に乗じて利益を得る人たちをも指す。日本語の「漁夫の利」に通じる。

【ポイント】A río revuelto は「混乱状態に」という熟語。このことわざの短縮形である pescar en revuelto は「かき回して魚を捕る」となり、意味は同じ。「火事場泥棒」に近い。

【参考】経済危機の時には、金持ちはますます富み、貧乏人はますます貧しくなっていく。このことわざが、格差の広がる今の時代によく使われるのも納得できる。

【用例1】Pilar: ¡Cómo han subido los precios de las verduras! Maria: ¡Todo está carísimo! Como que, a causa de la sequía, se cosecha muy poco, vendedores y distribuidores suben los precios de lo poco que ofrecen. Pilar: Pasa lo de siempre: ¡A río revuelto, ganancia de pescadores! (ピラール「野菜の値段の上がりようったら！」マリア「なんでもすごく高い。日照りによる不作で、小売り業者も卸業者も値段をつり上げているのね」ピラール「いつものことね。川をかき回して漁師は稼ぐというわけよ」)

【用例2】Xavier: Fíjate, publican casi lo contrario de lo que afirman en tu diario. ¡Parece que tengan ganas de confundir a la opinión pública! Manolo: Con alguna intención lo hacen. Ya sabes: A río revuelto, ganancia de pescadores. (ハビエル「やつらは君の新聞とはほぼ逆のことを発表しているよ。世論を混乱させたいようだね」マノロ「何か意図があってやっているんだろうね。川をかき回して漁師は稼ぐってわけだ」)

第4章　招かれる者は多いが選ばれる者はわずか

〔54〕 Del árbol caído todos hacen leña.

木が倒れると皆が薪にする

【意味】人が不幸に陥った時、権力や影響力を失った時などに、他人が付け込んで利を得ようとする。

【用法】木を倒して木材にするのは大変な作業だが、倒れた木から薪を得るのは容易である。人の不幸から利益を得ようとする人たち、また犠牲となった人に軽蔑の目をむける人たちのことを言う。

【参考】不幸に陥った犠牲者に共感するのではなく、かえって弱い者いじめに走るような人を批判するのが一般的だが、「廃物と見えても使い道がある」という別の解釈もあり、無駄に消費せず、使えるものは使うべきとリサイクルを勧めることにもなる。

【用例1】Marisa: ¿Sabes que Lucía no trabajará ya aquí? Perdió unos documentos que le dio el director, y la han trasladado. Sus compañeros no la saludan. ¡Qué antipáticos! Ana: ¡Con lo amable que es ella! Ahora, Del árbol caído, todos hacen leña. (マリサ「もうルシアは仕事やめるそうよ。部長から渡された書類をなくして異動させられたの。同僚たちは彼女に挨拶もしないんだって。ひどい仕打ち！」アナ「とてもいい人なのに。木が倒れると皆が薪にするわけね」)

【用例2】En el telediario, no se habla bien del ex ministro de Cultura. Desde que, tras el fallecimiento de nuestro más ilustre escritor, se opuso al derribo de su vieja residencia, sus rivales políticos le han acosado hasta obligarle a dimitir, Del árbol caído, todos hacen leña. (テレビのニュース番組では前文化大臣のことをよく言っていない。著名な作家の死後、彼の旧居の取り壊しに反対してから、政敵たちは彼に辞任をせまった。木が倒れると皆が薪にするということだ)

〔55〕Más vale ser cabeza de ratón que cola de león.

ライオンの尻尾よりネズミの頭がまし

【意味】大きな組織の末端に付き従うよりは、小さな集団の先頭でいる方がよい。

【用法】例えば、大企業の下っ端で働くよりも、小さな企業で先頭に立つほうが実力を発揮できてよい、という場合などに使う。

【参考】日本では「鶏口となるも牛後となるなかれ」と鶏と牛を対照させる。類例に、Más vale ser amo de cabaña que mozo de campaña.（遠征隊の下っ端よりは、粗末な小屋の主がまし）があり、その起源については次のような逸話が伝えられている。皇帝になる前のシーザーがアルプス越えの際、小さな村を通過し、その村を馬鹿にした部下に対して「私もローマで腕になるよりはこの村で頭になりたい」と言った。

【用例】Yoshiko: Mi hijo va a dejar la empresa donde lleva trabajando diez años. Keiko: Y eso, ¿por qué? Esa empresa es grande y prestigiosa, y paga buenos sueldos. Yoshiko: Es que él quisiera ascender, pero los cargos mejores ya están ocupados. Prefiere trasladarse a una empresa pequeña pero donde pueda desarrollar sus capacidades. Keiko: Sí, es una buena idea, porque... Más vale ser cabeza de ratón que cola de león.（ヨシコ「うちの息子、10年働いた会社を辞めるって」ケイコ「なんで？ 有名な大企業だし、稼ぎもいいでしょうに」ヨシコ「昇進したいけど、ポストはもう埋まっているからだって。小さくても自分の能力を発揮できるような会社に移る方がいいらしいわ」ケイコ「それもそうね。ライオンの尻尾よりネズミの頭がましですものね」）

第4章　招かれる者は多いが選ばれる者はわずか

〔56〕Quien a buen árbol se arrima, buena sombra le cobija.

大樹に寄れば大きな影が守ってくれる

【意味】財力や影響力のある人に頼れば大きな恩恵が得られる。

【用法】有力者や大きな企業・組織は、人生を渡っていく上で頼りになるので、強力なコネを求める時などに使われる。「寄らば大樹の陰」。

【ポイント】ここでは、buen, buena が「よい」ではなく「大きな」の意になる。大きな木は力のある保護者のイメージになる。

【参考】「ドン・キホーテ」の後編32章では、サンチョがこのことわざを引き「Yo me he arrimado a buen señor.（つまりおいらは立派な主人と近づきになった）」と、キホーテを大樹に譬えている。

【用例1】Juan: Saldé a García en mi nuevo empleo, que estudió conmigo en la Universidad, y ahora es el gerente de la empresa. Elena: ¡Estupendo! Podría conseguirte ascenso. Aprovechate esas amistades influyentes, porque Quien a buen árbol se arrima, buena sombra le cobija.（フアン「新しい職場で、同じ大学だったガルシアに挨拶したよ。今は役員なんだ」エレナ「すてき！　昇進できるかもよ。コネを利用しなきゃ。大樹に寄れば影が守ってくれるわ」）

【用例2】Inés: Mi sobrina tiene dos pretendientes. Uno es serio y guapo, pero de familia modesta; el otro es de familia acomodada, ingeniero de brillante porvenir. Eva: Yo no tardaría en escoger. Porque Quien a buen árbol se arrima, buena sombra le cobija.（イネス「姪にお相手が二人いる。一人は真面目でイケメンだけど、中流家庭。もう一人は家が金持ちで、将来有望なエンジニア」エバ「大樹に寄れば大きな影が守ってくれるから、私なら迷わず後者を選ぶわ」）

〔57〕No se ganó Zamora en una hora.

サモラは1時間では陥落しなかった

【意味】大きな事業を成し遂げるには長い時間と忍耐が必要だ。

【用法】急いで事を行うべきでなく、忍耐が必要であることを教える。英語などの「ローマは一日にしてならず」に通じる。

【参考】サモラはスペイン北西部にある同名の県の県都で、中世の城壁都市として有名であり、キリスト教徒とイスラム教徒の攻防戦の舞台ともなった。ローマではなく、サモラがことわざとして定着した背景には、サモラの歴史の中で、1072年にサンチョ二世が、妹のドニャ・ウラッカから町を奪回するために7カ月間もの長きにわたり町を包囲していたという史実がある。スペイン人にとって歴史上忘れられない都市なのだ。また、Za-mo-ra, ho-raと韻を踏む関係で、hora（1時間）となり、たった1時間ではなく、長い困難の歴史があったことが強調されている。

【用例1】Sra. Garcia: ¡Dese prisa, Concha! Quisiera tener el vestido listo mañana, aunque la boda será el mes que viene. Concha: Esté tranquila, Sra., que lo tendrá cuando lo acabe. ¡No se ganó Zamora en una hora!（ガルシア夫人「コンチャ、急ぎでお願いしますね。結婚式は来月だけれど、明日には服を仕上げてほしいの」コンチャ「大丈夫ですよ、奥様。出来上がった時にお渡ししますよ。サモラは1時間では陥落しなかった、ですからね」）

【用例2】Si los clientes quieren comer una paella bien hecha, tendrán que esperar por lo menos media hora. ¡No se ganó Zamora en una hora!（美味しいパエリャを食べたいと思ったら、客には最低30分は待ってほしい。サモラは1時間にしてならずだ。）

第4章　招かれる者は多いが選ばれる者はわずか

〔58〕No dejes para mañana lo que puedas hacer hoy.

今日できることを明日に延ばすな

【意味】やるべきことは先延ばしせず、やれる時にやるのがよい。

【用法】怠けずに今やるべき、と勧めるのに用いられる。先延ばしをしたつけが何倍にもなることは誰にも覚えがあることだろう。

【ポイント】格言とことわざの中間に位置するような表現。明日は何が起こるかわからないというのは、今日でも十分に説得力がある。

【参考】Antes hoy que mañana.（明日より今日）はさらに簡潔。英語では Never put off till tomorrow what you can do today.

【用例1】Yayoi: Hoy tendría que ponerme a escribir el texto sobre refranes que tengo pendiente. Pero... ¡hace tan buen tiempo! ¿Qué te parece si salimos a tomar unas copas? ¡Te invito! ¡Lo de los refranes, para mañana! Takashi: Si aplazas tu trabajo hoy, quizá dirás lo mismo mañana, y también pasado mañana... Recuerda el refrán: No dejes para mañana lo que puedas hacer hoy.（ヤヨイ「今日こそやりかけのことわざの本に取り掛からなければ。でもいい天気ね。いっぱい飲みに行かない？　おごるわよ。ことわざのことは明日にして」タカシ「仕事を先延ばしにしたら、明日もきっと同じことを言うぞ。明後日もね。今日できることを明日に延ばすな、というよ」）

【用例2】Esposa: Hace dos días que el grifo de la ducha no funciona bien; tendrías que arreglarlo. Marido: Sí, lo miraré tan pronto tenga un rato libre. Esposa: Bueno, pero ten presente el refrán: No dejes para mañana lo que puedas hacer hoy.（妻「2日前からシャワーの具合が悪いわ。直してよ」夫「時間ができたらすぐ見るさ」妻「でも、今日できることを明日に延ばすなということわざを忘れないで」）

〔59〕A Dios rezando, con el mazo dando.

神に祈りながら大槌を振るう

【意味】神に祈り神頼みするだけでなく、自分で最大限の努力をしなくては物事は達成できない。

【用法】他人任せにして努力しない者を戒め、自分にできる適切な手段を講じなくてはいけないと教える。

【ポイント】rezando、dando と韻を踏み、詩のようだ。rezando を rogando（願いながら）とすることも多い。mazo は大きな木槌。

【参考】Ayúdate, y te ayudaré.（自らを助けよ、そうすれば助けられる＝天は自ら助くる者を助く）も同じように使われる。人事を尽くしてこそ、天命は下るということになろう。少し形をアレンジし、A Dios rogando, y negociando（神に祈りつつ、商売をする）と言うこともある。あの世のことよりも現世の利益をはかる宗教者が多いことを皮肉ったものだ。

【用例】Fernando: Papá, creo que superaré fácilmente el examen de ingreso. Tu amigo, el profesor Jiménez, formará parte del tribunal examinador, y me ha asegurado que no serán severos conmigo. Además, con un poco de suerte, los ejercicios pueden ser fáciles. Padre: ¡No hagas pronósticos arriesgados, Fernando! ¡No levantes los codos de la mesa y estudia todo lo que puedas! Recuerda el refrán. A Dios rogando y con el mazo dando.（フェルナンド「パパ、入学試験なんて簡単だと思うよ。パパの友人のヒメネス教授が試験官の一人だし。僕には絶対厳しくしないと言ってたよ。運が良ければ試験も易しいだろうし」父親「あてにならないことに期待をかけるな。机にしがみついてでも勉強しろ。神に祈りながら大鎚を振るうということわざを忘れるな」）

第4章　招かれる者は多いが選ばれる者はわずか

〔60〕El hombre propone y Dios dispone.

人は企て、神が決める

【意味】人間はさまざまなことを企てるが、実現するかどうかは神の意志しだいである。

【用法】ものごとが思い通りにならない場合は、神の意志と思い、あきらめる方がよいと納得させる時に用いられる。日本語のことわざでは「人事を尽くして天命を待つ」に近い。

【ポイント】propone, dispone と軽やかに韻を踏む。

【参考】旧約聖書箴言16章9節の「人は心に自分の道を考え計る、しかし、その歩みを導くものは主である」がことわざの背景のようだ。ユーモアをこめたパロディ版 El hombre propone y la mujer dispone.（男が企て、女が決める）があり、妻の尻に敷かれている夫を揶揄して使うこともある。ちなみに古代ローマの政治家、大カトーは「ローマの男は世界を支配するが、女はわれわれを支配する」と述べていた。

【用例1】Pablo: Ya estoy preparado para ir a un concierto al aire libre. Pero... Mira, ahora se ha puesto a llover. Merche: ¡Vaya! ¡Qué se le va a hacer! ¡El hombre propone, y Dios dispone!（パブロ「野外コンサートの準備万端OKだ。やや！　雨が降ってきたぞ」メルチェ「あら、どういうこと！　人が企て、神が決めるってわけね」）

【用例2】Carlos: ¡Vaya! Está cerrada la librería. Yo pensé que también abrían por la tarde. Hemos venido corriendo para nada. Teresa: ¡Paciencia! Volveremos mañana. ¡El hombre propone, y Dios dispone!（カルロス「まいったなあ！　本屋は閉まってるよ。午後も開いていると思ったのに無駄足を踏んだなあ」テレサ「我慢我慢。明日また来ましょう。人が企て、神が決めるってわけよ」）

[61] Los duelos con pan son menos.

パンがあれば辛いのも何のその

【意味】お金があって食べるのに困らなければ、多少の苦労は耐えられる。

【用法】苦労や問題を抱えていても、そこそこの財産や便宜があれば耐えられる。また辛い仕事も代償があれば辛抱できる。

【ポイント】「人はパンのみにて生きるものにあらず」という聖書の言葉に代表されるように、パンは物質的な豊かさを表す象徴的な言葉。また生きるためにどうしても必要なものの象徴でもある。

【参考】さまざまな文学作品にも使われている。「ドン・キホーテ」の後篇13章、55章には、Todos los duelos con pan son buenos.（すべての苦しみはパンがあればよいものである）とある。

【用例1】Miguel: Han despedido a Ramón. Menos mal que le van a dar una indemnización cuantiosa. Xavier: Esa cantidad le ayudará en su situación difícil, porque Los duelos con pan, son menos.（ミゲル「ラモンが首になったね。せめてもは、かなりの補償金が払われるということか」ハビエル「厳しい状況でも補償金があれば助かるよね。パンがあれば辛いのも何のそのだからね」）

【用例2】¡Qué mes agotador estoy viviendo! La empresa ha obligado a todos los empleados a trabajar sábados y domingos, durante este mes y el próximo. No podré salir al campo los fines de semana, aunque estas horas extra las pagarán muy generosamente. Menos mal, porque Los duelos con pan, son menos.（今月はヘトヘトだ！会社は今月も来月も従業員を土日に働かせる。週末に田舎に行くこともできないよ。残業代は気前よく払ってくれるから、まあいいとしようか。パンがあれば辛さも何のそのというからね。）

第4章　招かれる者は多いが選ばれる者はわずか

〔62〕 Poderoso caballero es don dinero.

頼りになるのは現ナマ氏

【意味】お金があればなんでもでき、最も頼りになる。

【用法】人生で成功するには、お金がものを言う。お金の威力はきわめて大きいことを伝える。

【ポイント】お金を don dinero と擬人化している。

【参考】スペインの有名な小説家、フランシスコ・デ・ケベード（1580〜1645）の詩に由来する言葉で、お金の全能の力を称賛している。2世紀後のロマン派の詩人カンポアモールは「戦争でも恋愛でも、第一のものは、金、金、金」と皮肉る。「金が世界を動かす」というのが現実の世の中、このことわざは古くて新しいといえる。

【用例1】Juan: ¡Has oido las noticias de televisión! ¡Ahora el Gobierno permitirá a los bancos aumentar su comisión en las cuentas de ahorro! ¡Claro! Los bancos le dieron crédito para los gastos electorales, y ahora... Pedro: ¿Esperabas acaso que favoreciera a los ahorradores? ¡Poderoso caballero es don dinero!（フアン「テレビのニュース聞いたかい？　政府は預金口座手数料の値上げを銀行に許可するらしい。当たり前だ。銀行は選挙費用を無担保で貸したんだからね。今度はこれか」ペドロ「預金者を優遇するとでも期待していたのかい？頼りになるのは現ナマ氏だよ」）

【用例2】Pepe: Yo tenía, desde hace años, un empleado muy capacitado y eficiente. Pero ayer se despidió. Le han hecho una oferta económica mucho mejor que la mía. Paco: Es difícil resistirse.¡Poderoso caballero es don dinero!（ペペ「非常に有能な社員がいたんだが昨日辞めた。うちよりずっと割のいいオファーがあってね」パコ「それは抗しがたいね。頼りになるのは現ナマ氏だから」）

[63] A buenas horas mangas verdes.

よい時に緑の袖

【意味】肝心な時に間に合わず、もはや役に立たないことのたとえ。

【用法】期待していたのに、時機を逸してから登場し、間が悪いことを辛辣に指摘する。対応が遅すぎることを非難したり皮肉ったりするのに用いる。

【ポイント】主語も動詞もなく、簡潔でリズムがある。「よい時に」というのは明らかに皮肉で、反語的に使われている。

【参考】起源は、15世紀のイサベル女王の時代に組織されたスペイン最初の警察組織 Santa Hermandad（信心会）に遡る。緑の服を着たこの会のメンバーは、現場に駆けつけるのが遅く、実際の役に立たないことで知られていた。人びとは皮肉をこめて「よい時に緑の袖」と言い広めるようになったという。

【用例1】Pedro: Juan, ¿te acordarás del Sr. G., aquel que se emborrachaba e insultaba a los obreros? Ahora, ya viejo y solo, parece que quiere rehacer su vida. Lo vi el otro día salir de la iglesia. Juan: ¡A buenas horas mangas verdes!（ペドロ「フアン、G氏のことを覚えてるだろう？ 酔っ払って工員をののしっていた。それが年を取って、一人になり、人生をやり直そうとしているらしい。この間教会から出てくるのを見たぞ」フアン「よい時に緑の袖！」）

【用例2】Juan: ¡Buenas tardes! Vengo a traerte las herramientas que me pediste anteayer... María: ¡A buenas horas mangas verdes! Muchas gracias; pero, como las necesitaba con urgencia, las compré esta mañana en una ferretería.（フアン「こんにちは。おととい頼まれた工具持ってきたよ」マリア「よい時に緑の袖！ ありがとう。でも、すぐ必要だったので、今朝金物屋で買ってしまったわ」）

第4章　招かれる者は多いが選ばれる者はわずか

〔64〕Más vale tarde que nunca.

遅くてもしないよりまし

【意味】役立つこと、あるいは楽しみや利益をもたらすものならば、少し遅れてもかまわない。遅れたとしても物事はしっかり対処するほうがいい。

【用法】遅れても、なすべきことは最後まできちんとやらなくてはいけないというのが基本。約束や会議に遅れてくる人に対して皮肉っぽく言う場合にも用いる。また、言い訳、謝罪、釈明などにも使われ、高齢者になってから新しいことを学ぶ人に言うこともある。

【参考】類例に Más vale aprender de viejo que morir necio.（愚かなまま死ぬよりは年取っても学ぶ方がよい）がある。No dejes para mañana lo que puedas hacer hoy.（p.65）は、遅らせずに早くやるようにと勧めるもので、反対の意味になる。

【用例1】Juanito: ¡Anteayer fue el cumpleaños de la abuela, y se nos olvidó felicitarla! Se habrá disgustado. Manolito: Pues llevémosle esta tarde un ramo de flores; nos perdonará el descuido, porque Más vale tarde que nunca.（フアニート「おとといがおばあちゃんの誕生日だった！　お祝いするのを忘れてたよ。気を悪くしただろうねえ」マノリート「じゃ今日の午後、花束持っていこう。うっかりしたのを許してくれるさ。遅くてもしないよりまし、だからね」）

【用例2】Pepe: Disculpa que haya tardado tanto en devolverte los libros que me prestaste. Jaime: No tiene importancia. Como suele decirse: Más vale tarde que nunca. Casi los daba ya por perdidos.（ペペ「借りてた本を返すのが遅くなってごめん」ハイメ「大丈夫だよ。よく言うだろ。遅くてもしないよりましと。失くしたと思っていたよ」）

コラム——スペインのことわざの数量表現

「三人寄れば文殊の知恵」に相当するスペイン語のことわざは何だろうか。Más ven cuatro ojos que dos.（2つの目より4つの目の方がよく見える、p.40）が近いが、人数は2人。スペイン語のことわざでは、良いものは二倍の価値があるとする表現が多い。Hombre prevenido vale por dos.（しっかり者は二人分に値する、p.27）Lo bueno, si breve, dos veces bueno.（良いものが簡潔なら二倍良い、p.55）などがその例である。ヨーロッパ系の言語では、2が多く用いられるが、日本では3が多いようだ。

スペイン語で3の出てくる表現も見てみよう。Tres mujeres y tres chiquillos, una olla de grillos.（女三人と子ども三人集まれば大混乱）は「女三人寄れば姦しい」ということわざに通じる。El huesped y la pesca, a los tres días apestan.（客と魚は3日で鼻につく、p.51）Ninguna maravilla dura más de tres días.（どんな驚きも3日以上続かない）は、ともに3日が限度だとしている。No hay dos sin tres. は直訳すると「3のない2はない」で、まさに「二度あることは三度ある」だ。日本語、スペイン語を問わず、3は単なる数字ではなく、区切りの数と言えそうだ。

百や千も比較的多く使われる。どちらもラテン語に由来し、厳密な数値ではなく、次の例のように多くの量を象徴する数詞である。Más vale pájaro en mano que ciento volando.（手中の一羽は空中の百羽にまさる、p.52）Más vale un testigo de vista que ciento de oidas.（百回聞くよりも一人の目撃者が価値がある）。ちなみに、千が登場する Cada momento vale mil onzas de oro.（一刻は千オンスの金に値する）や Una mala acción se sabe a mil leguas.（悪事は千レグア（1レグアは約5km）先まで知れわたる）は「春宵一刻値千金」「悪事千里を走る」と日本語にほぼそのまま対応しているのも興味深い。

第5章

パンはパン、ワインはワイン

[65] Al pan, pan y al vino, vino.

パンはパン、ワインはワイン

【意味】話は、遠回しでなく、率直にしっかり言わなくてはならない。

【用法】遠慮したりぼかしたりしないで、「歯に衣着せず」ズバリ言う方がよいという文脈で用いられ、スペインではとても頻繁に使われる。討論や情報収集の場など、はっきり説明することが求められる場合、また、わかりにくい言葉で国民を混乱させる政治家を批判する時にも用いられる。

【ポイント】「パンはパン、ワインはワインと呼ぶべきだ」の動詞 llamar を省き、簡略化したもの。名詞だけの繰り返しで、ことわざならではの表現となっている。

【参考】パンとワインは、キリストの肉と血を表わし、カトリックの儀式に欠かせないが、日常生活でもスペインの食卓に不可欠なものとなっている。ちなみに、ポルトガルでは「パンはパン、チーズはチーズ」という。

【用例】Hanako: En el Parlamento, cuando los diputados de la oposición hacen preguntas sobre el proyecto de ley del Gobierno, el primer ministro siempre ha contestado vagamente y con rodeos. Sospecho que no quiere que el electorado le entienda. Taro: Es verdad. No sabe cómo explicarlo. Parece que ni él mismo entiende el proyecto. Hanako: ¡Habla claro, hombre! Al pan, pan, y al vino.（花子「国会で政府の提案した法案について野党議員が質問をすると、総理大臣はいつもあいまいで遠回しに答えるでしょ。きっと選挙民に内容をわからせたくないのよ」太郎「まったくだよ。説明ができていない。自分でも法案の中身がわかっていないみたいだね」花子「はっきり言ってよ。パンはパン、ワインはワインと」）

第5章　パンはパン、ワインはワイン

〔66〕No se hizo la miel para la boca del asno.

ロバの口に蜂蜜

【意味】蜂蜜はロバに与えるためのものではない。価値のわからない者に貴重なものを与えても無駄だというたとえ。

【用法】ロバに蜂蜜を与えても見向きもせず、アザミを食べる。価値がわからない者に時間を費やし親切にするのは意味がない、という文脈で用いられる。日本語なら「猫に小判」。

【ポイント】直訳では「蜂蜜はロバの口のために作られたのではない」。過去形が用いられるのは、蜂蜜が古くから知られ、人類が好んできた長い歴史があるという背景のゆえなのだろう。

【参考】ロバはスペインではおなじみの動物で、今でも田舎では荷物をたくさん背負わされたロバが従順にトボトボ歩く姿が見られる。比喩的には、粗野な人や愚かな人を表す。聖書に由来する Echar perlas a los puercos.（豚に真珠を投げる）も同じ意味で使われる。

【用例1】Pablo: ¿Te ha gustado la última novela de Haruki Murakami? Agustín: Sí mucho. Pero Jaime dice que es una obra muy aburrida. Pablo: Ya sabes que él prefiere el fútbol a la literatura. No se hizo la miel para la boca del asno".（パブロ「村上春樹の最新作はどうだった？」アグスティン「すごくいい。でもハイメはひどく退屈な作品だって言ってるよ」パブロ「やつは文学よりサッカーなんだ。ロバの口に蜂蜜ってことだよ」）

【用例2】Alberto: Te invito a visitar la exposición de grabados de Hiroshige. Juan: Gracias, pero no me gustan los artistas del siglo XIX. Alberto: Ya veo que No se hizo la miel para la boca del asno.（アルベルト「広重の版画展に行こうよ」フアン「ありがとう。でもぼくは19世紀の画家は好きじゃないんだ」アルベルト「ロバの口に蜂蜜か」）

〔67〕 Cuando el gato no está, los ratones bailan.

猫がいなけりゃネズミが踊る

【意味】上司や監視役がいなくなると部下や子どもなどが勝手に振る舞う。

【用法】職場では上司、家庭では親が不在の時などに、監視が効かなくなり、羽をのばしたり大騒ぎすることをたとえていう。

【ポイント】ネコとネズミはイソップの昔から敵対するもののたとえとして登場し、人間関係にも使われるが、ここでは監視されるもの、上司と部下などの対比に用いられている。日本語の「鬼の居ぬ間に洗濯」は、遠慮する人の居ない間に命の洗濯をしてくつろぐことをいうので、少しニュアンスはちがうが、通じるものがある。

【参考】メキシコでは後半を los ratones se pasean.（ネズミが散歩をする）、パナマでは前半を Cuando el gato va a sus devociones,（猫が祈りに行くと）とする。Holgad, gallinas, que el gato está en vendimias.（鶏よ、休むがいい。猫はぶどう摘み中だ）は「鬼の居ぬ間に洗濯」に近い。

【用例】Marta: ¿Sabes, mam? Hoy no ha venido la profesora de Matemáticas. Está enferma, y la ha sustituido una alumna del curso superior. Pero no ha podido dar la clase. ¡Nadie le hacía caso! Hemos pasado todo el tiempo charlando. Madre: Sí ya me imagino el alboroto que haríais, porque Cuando el gato no está, los ratones bailan.（マルタ「今日、数学の先生が病気でお休み。上級クラスの生徒が先生の代わりをしたの。でも授業にならなかったわ。みんな無視して、ずっとおしゃべりしてたんだもの」母親「さぞかし大騒ぎだったんでしょうよ。ネコがいなけりゃネズミが踊るからね」）

第5章　パンはパン、ワインはワイン

〔68〕El ojo del amo engorda el caballo.

主人の目は馬を肥やす

【意味】財産の所有者や事業の責任者は、自ら現場を見ることによって、成果をあげることができる。

【用法】財産や商売は他人に任せず、自ら注意を払い、監視することが大切、と教える。また、従業員は雇い主の目が光っていない時には、サボったりしがちだということをほのめかすのにも用いる。

【参考】caballo の代わりに、チリでは animal（動物）、コスタリカでは vaca（牛）、アルゼンチンでは ganado（家畜）など、国によって様々な言い方があるが、オリジナルはスペインの「馬」のようだ。

【用例1】Paco: Bueno, te dejo porque tengo prisa. Enrique: Espera, tomemos una copa mientras charlamos un rato. Paco: No puedo. Discúlpame. Me voy a la tienda, porque he de preparar el escaparate antes de abrir, y ¡El ojo del amo engorda el caballo!（パコ「失礼するよ。急ぐんだ」エンリケ「おい、1杯飲んで話そうよ」パコ「悪いけどやめとく。店に行って、開店前にショウウィンドウの準備をしなくちゃならないんだ。主人の目が馬を肥やすからね」）

【用例2】Marta: Siempre estoy agobiada por el trabajo. He de atender a mi familia, y a mis clientes en la tienda. Elena: ¿Por qué no contratas a un empleado para tu tienda? Marta: No quiero dejar mi negocio en manos de un extraño. El ojo del amo engorda el caballo.（マルタ「仕事ばかりでいつもくたくただわ。家族の面倒をみなくちゃならないし、店の客の相手もしなくちゃならないし」エレナ「店に従業員を雇ったら？」マルタ「知らない人に仕事を任せたくないのよ。主人の目は馬を肥やすというから」）

[69] Ande yo caliente, y ríase la gente.

自分さえ暖かければよし、他人が笑おうとも

【意味】自分さえ心地よければ、他人に笑われようとも構わない。

【用法】他人のいうことを気にするな、と教える。また、外見を気にせず、慣習にもこだわらず、自分の好みを優先してわが道を行く人をシニカルに評して言うこともある。Ande yo caliente だけでも通じ、後半を自由に置き換えてよい。

【ポイント】もともと詩から生まれたことわざなので、caliente と gente が韻を踏み、歌うようなリズム感がある。

【参考】スペインの詩人、ルイス・デ・ゴンゴラ（1561～1627）の次の詩に由来する。「地上はいずこの国々も、政治の話に沸くがいい。わが毎日は柔らかなパンに焼菓子、冬の朝ならリキュールと蜜柑の砂糖煮、これある限り事もなし。人よ嗤（わら）え我は我」（荒井正道訳）

【用例】Pablo: Este Presidente es el peor de todos; quiere convencernos de que nos conviene esa ley que obligará a nuestro país a implicarse en la guerra provocada por otro. ¡Hay que oponerse a esa propuesta de ley! José: ¡Por supuesto! Pero él no escucha a la opinión pública ni acepta la opinión contraria de los intelectuales. Seguro que piensa: Ande yo caliente, y ríase la gente; es decir, ande yo caliente, y denúncieme la gente.（パブロ「この大統領は最悪だね。他の国が起こした戦争に、わが国が参戦できる法律を押し付けようとしているんだ。法案に反対しなくちゃ」ホセ「もちろんさ。でも彼は世論に耳を傾けようとしないし、知識人の反対意見を受け入れようともしない。まったく彼の考えは、自分さえ暖かければ、他人が笑うもよし、つまり、自分さえ暖かければ、他人が訴えるもよし、といったところだね」）

第5章　パンはパン、ワインはワイン

〔70〕Cada uno arrima el ascua a su sardina.

誰もが自分のイワシに火を近づける

【意味】人というものは他人を顧みず自分勝手に振る舞うものだ。
【用法】自分の都合だけを考えて行動することをたとえて言う。
【参考】ことわざの背景には、アンダルシアの貧しい小作人たちが、昼食にイワシを一匹ずつ焼き、午後の作業のための力を養ったという習慣がある。各自が焚き火の一番よいおき火（ascua）を取ってきて自分のイワシを焼いたので、次第におき火がなくなり、消えていき、遅れてきた小作人はイワシを食べることができなかったという。互いの助け合いではなくエゴイズムに走る世界だが、ことわざを引くことで批判にもつながる。
【用例1】Manolo: ¡Que dura ha sido nuestra jornada de hoy！Jaime: Yo siempre procuro llegar un poco tarde después de que vosotros hayais descargado el camión. Tengo lumbago. Manolo: Y dejas todo el pesado trabajo para nosotros. Está claro que Cada uno arrima el ascua a su sardina.（マノロ「今日の仕事はきつかった！」ハイメ「俺は君たちがトラックの荷下ろしを終えたころに来るようにしているんだ。腰痛持ちなんでね」マノロ「きつい仕事はすべて俺達にお任せってことか。誰もが自分のイワシに火を近づけるってわけだ」）
【用例2】Marta: El primer día de las rebajas, yo siempre intento entrar muy temprano. Asi, puedo elegir los mejores artículos, antes que otros se los lleven. Lita: Me parece que el consumismo se basa en el refrán que afirma: Cada uno arrima el ascua a su sardina.（マルタ「バーゲンの初日は早く行こうと思うの。誰よりも先に良いものを選べるでしょ」リタ「消費社会っていうのは、しょせん誰もがイワシを火に近づけるということわざどおりだわね」）

〔71〕 Piensa el ladrón que todos son de su condición.

盗人はみんな自分と同じだと思っている

【意味】悪事を働く人たちは、他人も自分と同じように考え行動するものと思う。

【用法】他人も自分と同じことをすると考えて、自分の悪事を正当化する人たち、また善人はいないと考えるひねくれた人を、皮肉をこめて非難するのに用いることが多い。例えば、同じ立場にいれば誰だって同じことをするとうそぶく汚職政治家のことを言う。

【参考】Piensa（思う）を Cree（信じる）に置き換える場合もある。古代ローマの格言 Malo es quien presume que los demás son malos.（悪人は他人も悪人だと思う人）が起源であるとも言われる。

【用例1】Rosa: Me han dicho que Virginia anda acusándote de ver películas en el ordenador cuando el jefe no está. Pilar: ¡Qué mentirosa! Ella quizás haya hecho eso más de una vez, y, claro, Piensa el ladrón que todos son de su condición.（ロサ「ビルヒニアは、あなたのことをボスがいないとパソコンで映画を見てるって言いふらしているそうよ」ピラール「嘘ばっかり！ 彼女自身がやっているに違いないわ。盗人はみんな自分と同じだと思っているわけね」）

【用例2】Luis: Me dijo Fernando que le había sorprendido que llegaras puntualmente a la cita. Carlos: Le sorprendió porque él siempre llega tarde. ¡Piensa el ladrón que todos son de su condición!（ルイス「君がきっかり約束どおりの時間に来たのは驚きだって、フェルナンドが言ってたぞ」カルロス「やつはいつも遅れて来るからびっくりしたんだろ。盗人はみんな自分と同じだと思っているのさ」）

第5章　パンはパン、ワインはワイン

〔72〕 La ocasión hace al ladrón.

機会が泥棒をつくる

【意味】日頃は思いもしないことでも、たまたま機会があると悪いことをしてしまうことがある。

【用法】ふだんは善人でも、誘惑されると出来心を起こしたり、魔が差すことがある。万引き、痴漢行為、浮気……人は誘惑には抗い難いので、気をつけなくてはならないが、罪を犯した者に同情的な表現といえよう。

【参考】Puerta abierta, al santo tienta.（開いている扉が聖人を誘惑する）、En arca abierta, el justo peca.（聖櫃が開いていると、信心深い人が罪を犯す）、Ocasión y tentación, madre e hija son.（機会と誘惑は、母と娘のようなもの）、De la ocasión, nace la tentación.（機会から誘惑が生まれる）など、類似のことわざが多い。また、メキシコでは、y el agujero, al ratón.（穴があるからネズミが出る）と続けることもある。見出しと同じ意味のイタリア語のことわざ L'occasione fa il ladro はロッシーニのオペラのタイトルにもなっている。

【用例】Felipe: ¿Te has enterado del asunto en que está implicado Pedro, el cajero del Partido X? Lo teníamos por un hombre honesto, ¿verdad? Raul: Por supuesto; pero desde que lo nombraron, se ha permitido unos lujos sospechosos... Felipe: Pues, ahora se le acusa de sustraer fondos públicos... ¡Y es que La ocasión hace al ladrón!（フェリーペ「X党の経理係のペドロが関わった事件を知ってるかい？　誠実な男だと思っていたよね」ラウル「もちろんさ。でも任命された時から、贅沢するようになって怪しかったよな」フェリーペ「それで、いま公金横領の罪で訴えられているんだ。機会が泥棒をつくったわけだ」）

〔73〕 La gallina de mi vecina más huevos pone que la mía.

隣の鶏はうちの鶏よりたくさん卵を生む

【意味】他人のものは自分のものよりよく見えるものだ。

【用法】他人の持っているものが自分のものよりもよく見え、羨ましがったり、妬んだりする人たちに対して用いる。誰にでもありうる心理だが、批判的な文脈で用いることが多い。

【ポイント】同義のものに La cabra de mi vecina más leche da que la mía.（隣の山羊はうちの山羊より多くの乳を出す）もあり、鶏や山羊など農村の生活に密着したもので表すところが興味深い。

【参考】英語では、The grass is always greener on the other side of the fence.（芝生は垣根の向こう側がいつも青々している）といい、日本語では、この英語に由来する「隣の芝生は青い」が使われている。

【用例1】Rita: Cómprame aquella nueva muñeca. Todas mis amigas tienen una muñeca más bonita que mia. Madre: Ahora no. Te la regalaré por tu cumpleaños. Recuerda que La gallina de mi vecina más huevos pone que la mía.（リタ「あの新しいお人形買って。友達の人形は私のより可愛いんだもの」母親「今はだめ。誕生日に買ってあげる。隣の鶏はうちの鶏よりもたくさん卵を生むってことなのよ」）

【用例2】Mujer: ¡Me encanta ese frigorífico que anuncian! Nuestra vecina lo tiene. ¿Lo compramos? Marido: ¡Si el nuestro funciona estupendamente! Ya decía mi abuela La gallina de mi vecina más huevos pone que la mía.（妻「CMで宣伝している冷蔵庫、すてきね。隣にはあるわよ。うちも買いましょうよ」夫「うちのは何の問題もない。ばあちゃんはいつも言ってたぞ。隣の鶏はうちの鶏よりたくさん卵を生むって」）

第5章　パンはパン、ワインはワイン

〔74〕 Los trapos sucios se lavan en casa.

汚れた雑巾は家で洗え

【意味】家庭内のもめ事は、他人に言わずに家庭の中で解決するのがよい。

【用法】汚れた雑巾は人前ではなく家に持ち帰って洗った方がよい。比喩的に、家庭内や社内のゴタゴタはみっともないので、人目にさらさず、内輪で解決すべきだという文脈で用いる。

【参考】日本でも内輪のもめ事や恥を外にさらすなという考え方は古くからあり、理解しやすいことわざといえよう。しかし、この点だけを強調すると、DV（ドメスティックバイオレンス）や子どもの虐待などは隠蔽されかねない。一見家庭内の問題のように見えても、社会問題として捉えないと解決できないことにも留意したい。

【用例1】Paco: Esa factura no la podemos pagar. ¿Qué te parece si le pedimos un préstamo a nuestro tío? Seguramente aceptará y dejarnos una pequeña cantidad. Ana: ¡Ni se te ocurra! Nos arreglaremos sin la ayuda de nadie, porque Los trapos sucios se lavan en casa.（パコ「この請求書、俺たち払えないよ。おじさんに金貸してもらおうか。少しならきっと都合してくれるよ」アナ「冗談じゃない！誰の助けも借りずになんとかしなきゃ。汚れた雑巾は家で洗うものよ」）

【用例2】Pilar: Lola sufre frecuentes agresiones físicas de su marido, desde hace años. Tiene miedo y no se atreve a denunciarlo. Prefiere soportarlo con paciencia. Inés: Quizás crea que Los trapos sucios se lavan en casa, pero hace mal en callar y aislarse.（ピラール「ロラは何年も夫の暴力を我慢しているわ。怖がって誰にも言わず、耐える方がいいと思っている」イネス「汚れた雑巾は家で洗うと思ってるのね。でも、誰にも言わずに孤立しているのはよくないわ」）

[75] Ojos que no ven corazón que no siente.

見えなくなれば、心にも感じない

【意味】辛いことも自分の身近になくなればそれほど感じない。不幸や困り事も目の前になければ、見えている時ほどの影響はない。

【用法】日本語の「去る者は日々に疎し」のように人に対して用いられていたが、現在では政治、仕事、感情あらゆることについて「知らなければ、感じない」という文脈で使われることが多い。

【参考】Lo que ojos no ven corazón no quiebra.（見えなければ心が折れることはない）、Cuando los ojos no ven, el corazón no duele.（見えなくなれば心が痛むことはない）なども同様の意味で使われる。英語では、Out of sight, out of mind. という。

【用例1】Eva: ¿Sabes que hace un mes murió el marido de Lola? Ahora está muy triste, ya que llevaban casados más de cuarenta años. No sé qué hacer para consolarla. Ana: Sí, es muy lamentable. Habrá que distraerla, por aquello de Ojos que no ven, corazón que no siente. Pero será difícil que se acostumbre a vivir sin su marido.（エバ「ロラは夫を一カ月前に亡くしてすごく悲しんでいる。40年以上も連れ添っていたのよ。どう慰めていいのやら」アナ「気の毒に。気晴らしさせてあげなくちゃ。見えなくなれば心にも感じないから。でも夫のいない生活に慣れるのは大変でしょうね」）

【用例2】Jaime: Desde que se marcharon mis primos a vivir a París, poco a poco hemos acabado por intercambiarnos. Paco: Sí, la distancia y el paso del tiempo apagan los afectos. Ojos que no ven, corazón que no siente.（ハイメ「いとこたちがパリに引っ越してからお互いに連絡をとらなくなっちゃったよ」パコ「うん、距離が離れて時間がたつと情も薄れる。見えなくなれば心にも感じないということか」）

第 5 章　パンはパン、ワインはワイン

〔76〕 El muerto, al hoyo y el vivo, al bollo.

死んだ人は墓穴に、生きる人は菓子パンに

【意味】死者は墓に入り、遺された者は自分が生きるために必要なことをすべきである。

【用法】大切な人を失ってどんなに悲しくても、生きていくには食べていかなくてはならないと教える。また、死者のことを早々と忘れてしまい、自分のことしか考えない人への皮肉としても使われる。

【ポイント】bollo はスペインの朝食やおやつに食べられる甘いパン。hoyo と bollo が韻を踏み、動詞は省かれている。

【参考】「ドン・キホーテ」前篇 19 章にある El muerto, a la sepultura, y el vivo, a la hogaza.（「死者は埋葬に、生者は大きなパンに」）も意味は同じ。al bollo がカリフォルニアでは al pollo（鶏に）、コロンビアでは a la olla（鍋に）、al baile（踊りに）など、「生きるための」比喩表現が国によって身近なものに変わるのも面白い。

【用例1】Pilar: Ana está desconsolada por la muerte de la abuela; no hace otra cosa que hablar de ella. Rosa: Es comprensible que esté triste, pero asi es la vida: El muerto, al hoyo; y el vivo, al bollo（ピラール「アナは、祖母が亡くなって以来、悲しみのあまり祖母の思い出を語ることしかしないの」ロサ「悲しいのはわかるけど、それが人生だもの。死んだ人は墓穴に、生きる人は菓子パンに、でしょ」）

【用例2】Pedro: Hoy he visto a López, acompañado de una chica muy guapa. Pablo: Pues hace sólo seis meses que enterró a su mujer y tiene novia. Seguramente habrá pensado que El muerto, al hoyo, y el vivo, al bollo.（ペドロ「今日ロペスに会ったらすごい美人と一緒だったぞ」パブロ「6ヵ月前に妻を埋葬したばかりで、もうカノジョか。死んだ人は墓穴に、生きる人は菓子パンにってわけだな」）

[77] Antes de hacer nada, consulta con la almohada.

実行する前に枕と相談せよ

【意味】何かを決断する時は、一晩ゆっくり考えてみるのがよい。

【用法】重大な決定するときはあわてず、少なくとも一晩はじっくり考え、翌日に判断すべきであると勧める。

【参考】「枕と相談する」とは一晩寝るということ。「枕と相談せよ」と後半だけを言うことも多い。睡眠による休息は頭を明晰にする作用があるので、一晩考えるというのは理に適っている。La noche es buena consejera.（夜はよき助言者）も同じ意味。

【用例1】Hija: ¡Este abrigo me encanta, mamá! Me queda muy bien. ¡No me importa que sea tan caro! Sí ¡me lo compro! Madre: ¡No te precipites! Espera unos días; quizás encuentres en otra tienda un modelo mejor y más barato. Antes de hacer nada, consúltalo con la almohada.（娘「このコート気に入ったわ。私に似合うし、値段は高くてもいい。絶対買う！」母親「慌てないで少し待ちなさい。他でもっといいデザインで安いものが見つかるかも。実行する前に枕と相談よ」）

【用例2】Carlos: Esta mañana, mi amigo me ha ofrecido la oportunidad de asociarme a su empresa aportando mis modestos ahorros. Hoy mismo le comunicaré que acepto. José: ¿Has pensado bien en los posibles riesgos que puedes correr? Antes de hacer nada, consúltalo con la almohada.（カルロス「今朝友達から一緒に会社をやりたいから少し資金を出してくれないかと言ってきた。今日中に承諾すると連絡するつもりだよ」ホセ「リスクを負うことになるかもしれないのに、よく考えたのかい？ 実行する前には枕と相談しろよ」）

第5章　パンはパン、ワインはワイン

〔78〕 Cuando las barbas de tu vecino veas pelar, echa las tuyas a remojar.

隣人が髭を剃りだしたら、自分の髭を濡らし始めよ

【意味】他人の不幸を見たら、同じはめに陥らないように必要な対策を講じなくてはならない。

【用法】他人の身に起こっていることを教訓とし、自分の事として備え、行動せよと教える時に用いる。

【ポイント】echar a は、「～し始める」の意味。

【参考】このことわざの背景には、今日のようにシェービングクリームやよく切れるシェーバーがなかった時代に、床屋が客の髭を剃っている間に、次の客の髭を水で濡らしておく慣わしがあった。今の時代には通用しない床屋の流儀だが、ことわざとしては残っていて、日常的によく使われる。

【用例1】Víctor: La crisis está afectando bastante al sector editorial. Las ventas de libros han disminuido mucho. Se rumorea que el dueño de la Librería Cervantes está decidido a cerrar. Miguel: Creo que pronto tendrá que hacer lo mismo. Cuando las barbas de tu vecino veas pelar, echa las tuyas a remojar. (ビクトル「不況が出版業界にも大きく影響しているね。本の売上は激減だ。セルバンテス書店の店主が店じまいをするってうわさだ」ミゲル「そうせざるを得なくなるでしょうね。隣人が髭を剃りだしたら髭を濡らし始めよ、ですね」)

【用例2】José: El director general está reduciendo el número de sucursales. Paco: Preparémonos para lo peor: Cuando las barbas de tu vecino veas pelar, echa las tuyas a remojar. (ホセ「社長が支店の数を減らしてるね」パコ「最悪の事態を覚悟しなきゃね。隣人が髭を剃りだしたら、自分の髭を濡らし始めよ、だから」)

〔79〕Año de nieves, año de bienes.

雪の年は豊年

【意味】雪がたくさん降った年は、穀物がよく実る。

【用法】雪は作物に恵みをもたらすから、厳しい寒さで雪に苦労する時期も我慢するようにと教える。

【ポイント】año de ～ を繰り返し、動詞を省いて、リズミカルで簡潔な表現になっている。繰り返しはことわざの特徴の一つである。

【参考】天気、天候を表すスペインのことわざは多い。 Año seco, año bueno.（日照りの年は豊年）ともいい、冬の雪と夏の日照りが豊作をもたらすということで、農民にとっては農作業の指針となる。ヨーロッパ全域に同じような表現があるが、日本でも「雪は豊年のしるし」や「雪は豊年の貢(みつぎ)」という。

【用例1】Juan: ¡Hay que ver, Manolo, con qué fuerza ha empezado el invierno! ¡Hace dos horas que está nevando, y parece que no quiera parar nunca! Manolo: ¡Pues que nieve cuanto quiera! Porque nuestros campos lo agradecerán; ya sabes: Año de nieves, año de bienes. （フアン「マノロ！ なんてこった！ 冬が始まったばかりでこのざまだ！ ２時間も雪が降り続いている。止みそうにないな」マノロ「降らば降れ、だよ。畑は大喜びだろう。雪の年は豊年なんだから」）

【用例2】Pablo: El Servicio Meteorológico prevé un invierno muy frío. Se me pone la piel de gallina al imaginar las nevadas que nos esperan. Carlos: Pues los campesinos y los esquiadores estarán diciéndose: Año de nieves, año de bienes. （パブロ「予報ではこの冬はひどく寒いそうだ。これから先の雪を想像するだけで鳥肌が立つよ」カルロス「農民とスキーヤーは、雪の年は豊年と言うだろうね」）

第5章　パンはパン、ワインはワイン

〔80〕En martes, ni te cases ni te embarques.

火曜日には結婚も船出もするな

【意味】火曜日は不吉な日、不運な日とされているので、この日に重要な一歩を踏み出すのは控えるほうがよい。

【用法】一種の俗信だが、日常生活で今もよく使われる。En todas partes tiene cada semana su martes.（どこにでも毎週火曜日がある）といえば、誰にでもツイてない日がある、と人を慰めるのに用いる。

【ポイント】martes, cases, embarques と脚韻を踏んで、口調がよい。

【参考】なぜ火曜日が不吉なのか。火曜は軍神の Marte にちなんだ日、戦争が始まる日と考えられていた。またスペイン史の中で、1134年にはアラゴン王のアルフォンソ、1276年にはハイメが、イスラム教徒に敗れた日はいずれも火曜日。1453年のコンスタンティノープル陥落も火曜日。キリスト教の国々にとっては不吉な日となった。キリストの受難は13日の金曜日で、これも厄日なので En viernes ni en martes（金曜日も火曜日も〜）と言うこともある。

【用例】Charo: Tia Leonor, queremos ir a Londres contigo el próximo martes. Te invitamos nosotras, sobrinas tuyas. Tia Leonor: Bueno, no me apetece. Charo: El viaje dura poco tiempo y el avión es muy cómodo; te gustará. Tia Loenor: ¡No y no! Mi abuela decía siempre que En martes, ni te cases ni te embarques, y yo sigo su consejo（チャロ「レオノールおばさん、来週の火曜日ロンドンに一緒に行きましょう。私たち姪っ子がご招待するわ」レオノールおばさん「行きたくないわ」チャロ「すぐに着くし、飛行機は快適よ。きっとお気に召すわよ」レオノールおばさん「いやったらいやなの！ おばあちゃんが、火曜には結婚も船出もするなといつも言っていたもの。おばあちゃんの言う通りにするわ」）

[81] A rey muerto, rey puesto.

王様が亡くなると誰かが王位に就く

【意味】王が死んだらすぐに誰かが即位する。王位とかぎらず、社会的な地位などが空席になっても、すぐに埋まることのたとえ。

【用法】一般的には、絶対と思っていたものが案外簡単に別のものに取って替わられるという状況を示す。スポーツの世界で監督が辞任してもすぐに別の人が取って替わる。恋人と別れてすぐに次の相手ができる。自分にしかできないと思っていた仕事に、自分が辞めたらすぐに他の人が就くなど、さまざまなケースで日常的に使われる。

【ポイント】rey muerto、rey puesto と、rey の繰り返しと脚韻がリズミカル。動詞を省略し簡潔なのが効いている。

【参考】王が死ねば即座に次の人が王位に就くという王位継承の伝統が、日常の卑近な場合にも生かされる比喩になっている。

【用例1】Luisa: Mamá... ¿Cómo no voy a estar triste? ¡Esperaba con tanta ilusión que nos casáramos la próxima primavera! Se ha roto mi noviazgo con Carlos. Mama: Luisita, no pases pena por nadie: A rey muerto, rey puesto.（ルイサ「ママ、悲しくないわけないでしょ。来年の春の結婚をすごく楽しみにしていたのに。カルロスとの婚約が反故にされたのよ」ママ「ルイシータ、悲しみなさんな。王が亡くなると誰かが王位につくからね」）

【用例2】Pablo se fue de la empresa hace un par de días y aunque parecía que era insustituible ya han encontrado a una persona para que ocupe su lugar. Ya se sabe, A rey muerto, rey puesto.（パブロは数日前に会社を辞めた。替わりがきかないと思われていたのに、会社は後任をもう見つけている。王が亡くなると誰かが王位に就くのは確かだ。）

第5章　パンはパン、ワインはワイン

〔82〕Bicho malo nunca muere.

害虫は死なず

【意味】害虫が簡単に死滅せず根強くはびこるように、性悪な人や嫌われ者が幅を利かせ、悪事はなかなか絶えないものだ。

【用法】「憎まれっ子世にはばかる」に近い。このことわざは、性格の悪い人や動物に対して、悪いものはなかなか消えないものだと言う一方で、皮肉をこめ、冗談めかして病人を励ますのにも使われる。

【参考】La mala hierba nunca muere.（雑草は死なず）も同じ意味でよく使われる。類例に La mala hierba crece mucho.（雑草はよく育つ）、Vaso malo, nunca quebrado.（質の悪いグラスは割れない）などがある。悪人や独裁者などがなかなか力を失わない状況を、虫（害虫）や植物（雑草）を比喩にして表現している。

【用例1】María: ¿Qué tal estás, Enrique? Enrique: Mal, muy mal; estormudo y toso continuamente. Quizá tenga una pulmonía... María: ¡No exageres, hombre! Tienes buen aspecto; dentro de un par de días te habrás recuperado de ese simple enfriamiento. Además, no te preocupes, porque, como suele decirse, Bicho malo nunca muere.（マリア「エンリケ、具合はどう？」エンリケ「最悪だ。くしゃみと咳が止まらない。肺炎かもしれない」マリア「大袈裟な！顔色もいいし、それくらいの風邪、じきに治るわよ。心配しなさんな。害虫は死なずって言うから」）

【用例2】¡Otra vez esa dichosa publicidad telefónica! ¡Y siempre a la hora de la comida! Así, casi cada día. Esta invasión no acabará nunca. Parece confirmar el refrán que dice: Bicho malo nunca muere...（また忌々しい電話セールスだ。いつでも食事の時間にほぼ毎日かかってくる。この迷惑行為は絶対に終わらないね。害虫は死なずということわざどおりだ。）

コラム──パンとワイン

　スペイン語のことわざによく登場するものに、パンとワインがある。その文化的背景とことわざとの関わりを少し考えてみよう。

　キリスト教では、パンはキリストの肉体、ワインはキリストが人々のために流す契約の血とされる。カトリックの聖餐式では、オスティア（hostia）と呼ばれる薄いパンとワインが聖職者から信者に供される。中世より神からの贈り物とされたワインは修道院を中心に製造されてきた。今でも有名なワイナリーには、聖地や教会、修道院の名をつけたものが多い。

　実生活では、家庭でもレストランでもワインは欠かせない。食事とワイン、健康上の効用、飲み方、ワインの良し悪しなど、さまざまな人生のテーマでワインがことわざとともに語られる。Mesa sin vino, olla sin tocino.（ワインのないテーブルは、豚の脂のない鍋）ともいい、ワイン抜きの食卓は考えられないといえよう。また、パンは生きるために必要な食べ物の象徴でもあり、「生きる糧」として、ことわざに頻繁に現れる。A buen hambre no hay pan duro.（ひもじければ硬いパンなし、p.24）　Los duelos con pan son menos.（パンがあれば辛いのも何のその、p.68）など、よく使われることわざが多い。Contigo, pan y cebolla.（お前となら、パンと玉ねぎ）は、お前と一緒ならパンと玉ねぎだけでいい、贅沢はいらぬ、というちょっと大袈裟な愛情表現である。

　パンとワインを一緒に使うことわざも多い。Con pan y con vino se anda el camino.（パンとワインがあれば旅はできる）、Con vino anejo y pan tierno se pasa el invierno.（古いワインとやわらかいパンがあれば冬を過ごせる）極め付きは Al pan, pan y al vino, vino（パンはパン、ワインはワイン、p.74）で、何事も遠回しではなく、はっきり言え、ということになる。

第6章

すんだことには胸を張れ

[83] En casa del herrero, cuchillo de palo.

鍛冶屋の家では木のナイフ

- 【意味】仕事がら簡単にできそうなことに手が回らなかったり、当然ありそうなものを使っていないことが案外多い。
- 【用法】職業としての技能や才能を持っていると、かえって自分や家族のことをなおざりにしてしまうものだ、と言うのに用いる。シェフが家では料理をしない、歯医者の子どもの歯が悪い、など。こどもが親と同じ職業にはつかないという意味で使われることもある。
- 【参考】Esposa de sastre está de mal vestido.（仕立屋の女房は粗末な身なり）も同義で、「紺屋の白袴」に通じる。類似の発想は多くの言語にあり、英語では The shoemaker's son always goes barefoot.（靴屋の息子はいつも裸足）という。
- 【用例1】Madre: Alli va Manuela, la modista, tan mal vestida como siempre. Pero a nosotras nos hace vestidos preciosos, muy bien cortados. Hija: Hay que decir aquello de que En casa del herrero, cuchillo de palo.（母親「デザイナーのマヌエラだわ。いつものことだけど、着こなしが悪いねえ。私たちには素晴らしいカットの洋服を作ってくれるのにね」娘「まさに鍛冶屋の家では木のナイフってことね」）
- 【用例2】Paco: ¡Qué bién juega fútbol Enrique! Hizo bien en dejar los estudios de Derecho a que le había obligado su padre, abogado de gran renombre. Juan: El padre habrá sufrido una gran decepción. Pero suele pasar que En casa del herrero, cuchillo de palo.（パコ「エンリケはサッカーがうまいなあ！ 腕利きの弁護士の親父さんに法律の勉強をやらされていたけど、法律はやめてよかったよな」フアン「親父さんはがっかりだっただろうね。でも、鍛冶屋なのに木のナイフって、よくあることだからね」）

第6章　すんだことには胸を張れ

〔84〕En tierra de ciegos, el tuerto es rey.

盲人の国では片目が王様

【意味】周りが無能な者ばかりのところでは、凡庸な者でも第一人者や代表的存在になれる。

【用法】すぐれた者がいないところでは、つまらない者が幅をきかす、という文脈で用いられる。日本のことわざの「鳥なき里の蝙蝠(こうもり)」に近い。

【ポイント】古くからヨーロッパに共通することわざの一つで、フランス語ではAu royaume des aveugles, les borgnes sont rois. という。

【参考】類例に、En tierra de necios, el loco es el rey.（愚か者の国では、狂人が王様）、En tierra de enanos, mi padre es gigante.（小人の国ではうちの親父は巨人）などがある。

【用例1】Pablo: ¡Han elegido a López para que dirija la asociación! ¡Sólo porque habla inglés, pero no tiene estudios superiores ni experiencia! Pedro: Tienes razón, pero los demás candidatos están aún peor preparados. En el país de los ciegos, el tuerto es rey.（パブロ「会長にロペスが選ばれたって！　英語ができるというだけだ。高校も出ていないし経験もないのに」ペドロ「そう。でも他の候補者はもっと経験がない。盲人の国では片目が王様なんだ」）

【用例2】Los nuevos ministros que ha nombrado el presidente son personas demasiado mediocres. Pero tampoco el presidente es una persona brillante, y los habrá elegido para que él pueda tener mayor protagonismo. En el país de los ciegos, el tuerto es rey.（大統領が選んだ新しい閣僚はあまりに出来が悪い。しかし大統領もたいした人物じゃないから、自分が中心人物でいられるように選んだんだろう。盲人の国では片目が王様だ。）

〔85〕Zapateros, a tus zapatos.

靴屋は靴のことだけにしろ

【意味】靴屋は靴のことをやっていればいい。自分がよくわかっていることについてのみ意見すべきで、自分に関係のないこと、わからないことに深入りすべきでない。

【用法】頼まれもしないのにおせっかいに口をはさんだりする愚かな行為をいましめるのに用いる。自分の判断を他人に押し付けてはならないと教える時にも使う。

【ポイント】動詞もない非常に簡潔な表現。

【参考】このことわざには次のような逸話がある。紀元前4世紀、古代ギリシャの画家アペレスが描いた靴（サンダル）を、靴職人が批判し、画家が直したところ、作品自体にも文句をつけたので、画家は「靴屋は靴のことだけにしろ」と制したという。

【用例1】Pablo: Mira, Manolo, esta pared está inclinada, y el albañil no se ha dado cuenta. Albañil: ¡Qué atrevido eres！¿Sabes tú qué es una plomada? ¡Zapatero, a tus zapatos!（パブロ「マノロ、みてみろ。この塀は傾いているよ。石工は気が付いていないね」石工「そこのお若いの、何をほざいている！ 下げ振り（垂直度を調べる道具）のことを知らないだろう。靴屋は靴のことだけにしろと言うぜ」）

【用例2】Paciente: Creo que me está inyectando una dosis demasiado elevada de antibióticos. Enfermera: ¿Es usted médico? Sigo las órdenes del doctor, no de los pacientes. De modo que, ya sabe lo que le toca hacer. Zapatero, a tus zapatos.（患者「抗生物質の注射の量、多すぎませんかね」看護師「そちら様はお医者様でしょうか？ 私は患者ではなく医師の指示に従います。ですから、何をすべきか、おわかりですね？ 靴屋は靴のことだけにしてください」）

第6章　すんだことには胸を張れ

〔86〕 Cada maestrillo tiene su librillo.

先生なら自前の教本がある

【意味】誰もが専門分野に応じ、それぞれのやり方、考え方を持っている。

【用法】誰しも、職業や専門分野に応じて自分流のやり方があるものだ、ということを教える。今年の担任と去年の担任とは教え方がちがう、上司も前任と新任ではやり方が違うという時などにも使う。

【ポイント】maestrillo、librillo は、それぞれ maestro、libro の語尾に指小辞-illo を付けて、「小さい」「少し」の意や親密感を込めている。ここでは、これによって韻を踏み、覚えやすい表現となっている。この指小辞は、スペイン語では非常によく使われ、人名などに付けて「〜ちゃん」のように可愛らしさを込めたりするが、文脈によって皮肉、軽蔑、丁寧などの意味を表すこともある。

【用例1】Xavier: Anda, échame una mano. Llevo una hora intentando sacar esta tuerca y no puedo. Pepe: Bueno, con esta herramienta, a ver si se podrá resolver el problema. Xavier: ¡Qué habilidad! A mí me resultaba imposible. ¿Cómo lo conseguiste? Pepe: No hay ningún secreto. Recuerda que Cada maestrillo tiene su librillo.（ハビエル「手を貸してくれないか。このねじ1時間格闘しているのに外れないんだ」ペペ「この工具でなんとかなるんじゃないか」ハビエル「すごいなあ！　俺には無理だったよ。どうやってできたんだ？」ペペ「なんてことないさ。先生なら自前の教本があるのさ」）

【用例2】Pablito: No entiendo lo que explica la nueva profesora. Es distinta de la anterior. Mamá: No te quejes. Cada maestrillo tiene su librillo.（パブリート「新しい先生の説明わかんないんだ。前の先生と違う」母親「文句言いなさんな。先生なら自前の教本があるのよ」）

〔87〕En boca cerrada no entran moscas.

閉じた口にハエは入らず

【意味】時には口を閉ざし、よけいなことは言わないに限る。
【用法】不快な思いをしないように、口は慎む方がよいと警告する。知ったかぶりがバレないように、また異なる意見の人たちと政治の話はしないようにと勧める時にも用いる。「口は禍の門」に通じる。
【ポイント】口にしたために起こるトラブルや不快感を「口にハエが入る」、と譬える。
【参考】14世紀にアラブ支配下のアンダルシアで使われていた記録もあり、スペイン語圏の国々ではどこでもおなじみのことわざ。実際、しゃべりだすと止まらず、政治の話も尽きないのがラテン系の人たちなので、釘をさす意味で有効なのだろう。Por la boca muere el pez.（魚は口を開ければいつでも釣られる危険がある）とも言う。
【用例1】Luisa: Se rumorea que Lucía va a ser despedida. ¿Sabes tú algo de eso? Pepe: No, no sé nada. Pero si lo supiera, tampoco haría comentarios; no quiero unirme a los murmuradores. En boca cerrada, no entran moscas.（ルイサ「ルシアが首になるって噂よ。何か知ってる？」ペペ「何も。知っていたとしても、言わないさ。陰口たたくやつらと一緒にされたくない。閉じた口にハエは入らずだよ」）
【用例2】Pedro: Carlos seguramente querrá darnos mil una explicaciones sobre sus mediocres cuadros en la exposición. Sara: Sí, habrá que tener paciencia; pero tú no seas descortés y recuerda que En boca cerrada, no entran moscas.（ペドロ「カルロスは、展覧会でやつのつまらない絵についてくどくどと解説したがるに決まっている」サラ「そう。辛抱が肝心よ。でも失礼なことは言わないでね。閉じた口にハエは入らずと言うから」）

第6章　すんだことには胸を張れ

〔88〕Quien calla, otorga.

沈黙は同意の印

【意味】何もを言わすに沈黙していると承認したことになる。

【用法】自分の意見を主張しなかったり、関心がないからとしゃべらなければ、相手は同意とみなすだろう。また、非難されたり、責任を取るべき立場であるときに、弁明せず、自らを語らない人に対しても用いる。デモに参加する人たちは、黙っていたら政府の提案を承認することになるので、行動に移す。インターネットには、DV（ドメスティック・バイオレンス）に関し「黙っていれば共犯者」と書かれたプラカードが見られた。沈黙しては伝わらない。

【参考】スペイン人は論争だけでなく、日常の会話の中でも黙っていないで、意思表示するのがふつうだ。黙っていると「どこか具合でも悪いのか？」と訊かれる。黙っていても、相手の言うことを聴いていて、言うべきことを考えていると思わせることが肝心だ。

【用例1】Julio: ¿Sabes? Me dicen que el director a veces regala entradas para el cine a Carmen, y que ella las acepta. Se lo he preguntado varias veces, pero nunca me responde. ¿Será verdad? Manolo: Sí, es probable; porque Quien calla, otorga.（フリオ「部長は時々映画のチケットをカルメンにやって、彼女も受け取っているらしい。彼女に何回も訊いてみたんだけれど、まったく答えないんだよ。本当かね？」マノロ「たぶんね。沈黙は同意の印っていうからね」）

【用例2】Mamá: Pablito, ¿No rompiste el vidrio de la ventana? Bueno, si tu callas, me doy cuenta de que eres tú quien lo rompiste. Quién calla, otorga.（母親「パブリート、窓ガラス割ったんじゃないの？　黙っているのは、割ったのはあんただってことね。沈黙は同意の印よ」）

[89] Donde las dan, las toman.

打てば打たれる

【意味】誰かに危害を加えたり、悪口を言ったりすると、やがて同じ仕打ちを受けることになる。

【用法】卑劣なことをすれば、人は必ずやそれに見合った仕返しを受けることになると忠告する。

【ポイント】las は女性形複数の代名詞で dar および tomar の目的語となっている。明示されていないが、危害、損害などを指すと言えるだろう。dar と tomar は give と take の関係で対になっている。

【参考】y callar es bueno（沈黙は良し）と続けて、「因果応報」だから仕方がない、黙っているのがいい、と意味を強めることもある。「ドン・キホーテ」後編 65 章でサンチョがことわざを連発する場面に出てくる他、このことわざをタイトルにした文学作品も少なくない。

【用例1】Felipe: ¿Le has prestado a Marcos los apuntes de la clase de Física? Juan: No, ni pienso prestárselos, porque él tampoco me dejó los suyos para preparar mi examen. Donde las dan, las toman.（フェリーペ「マルコスに物理のノートを貸してやったのか？」フアン「いや、貸すつもりはまったくないよ。やつだって僕が試験の勉強をする時ノートを貸してくれなかったんだから。打てば打たれるのさ」）

【用例2】Alberto: ¿Por qué le cobras la reparación de su coche a tu amigo el carpintero? Juan: Sí, somos amigos. Pero, porque bien caro me cobró el arreglo de mis sillas, la semana pasada. Ahora deberá recordar el refrán: ¡Donde las dan, las toman!（アルベルト「友達なのに大工から車の修理代をなぜ取るんだ？」フアン「たしかに俺たち友達だ。でも先週俺の椅子の修理に、かなりの額を取ったんだ。打てば打たれるっていうことわざを忘れるなってことさ」）

第 6 章　すんだことには胸を張れ

〔90〕Quien siembra vientos recoge tempestades.

風を蒔いた者は嵐を刈り取る

【意味】悪事を働けば、わが身に災がもたらされることになる。
【用法】人を攻撃したり不快な思いをさせたりすると、他人の怒りを買うことになると戒める。「身からでた錆」「自業自得」に近い。
【ポイント】sembrar（種を蒔く）の結果が recoger（刈り取る）と対比され、vientos（風）と tempestades（嵐）で小さな原因が大きな結果をもたらすことを表わす。
【参考】旧約聖書のホセア書第 8 章 9 節の Porque sembraron viento, y torbellino segarán.（彼らは風を蒔き、つむじ風を刈り取る）に由来する。
【用例 1】Julio: Creo que Miguel ha hecho mal en atribuir al vecino de la 5ª planta el desperfecto del ascensor. Xavier: Sí no debe acusarse a nadie sin pruebas, porque Quien siembra vientos recoge tempestades.（フリオ「エレベーターの故障を 5 階の住人のせいにするなんて、ミゲルはひどいよ」ハビエル「そう、証拠もないのに人を非難してはいけない。風を蒔いたものは嵐を刈り取るというよ」）
【用例 2】Ana: ¿Dónde salieron estas ropas? Eva: Aproveché los descuentos y los compré. Ana: Pero no tienes trabajo ahora y ¿cómo podrás pagar todo esto? Sabes, Quien siembra vientos, recoge tempestades.（アナ「こんなに洋服どうしたの？」エバ「ちょうどバーゲンだったから買ったの」アナ「でもあんた今仕事ないんでしょう。どうやって払うつもり？　風を蒔いたものは嵐を刈り取るのよ」）

〔91〕Agua pasada no mueve molino.

流れ去った水で水車は動かせない

【意味】過ぎてしまったことを嘆いてもしかたがない。後悔先に立たず。

【用法】水車を通り過ぎてしまった水はもはや粉挽きに使うわけにはいかない。過去にチャンスを取り逃がしたことを後悔しても仕方がないので、気持ちを切り替えることを勧める。また間接的にはすばやく行動し、チャンスを逃さないように勧めることにもなる。

【参考】英語の It's no use crying over spilt milk.（こぼれたミルクを嘆いても仕方がない）に近い。

【用例1】Ryota: ¡Lo que son las cosas! Hace dos meses tenía 5,000 euros en efectivo, para cambiarlos por yenes en cuanto hubiera una buena ocasión, pero ahora, a causa de la caída del euro, me arrepiento de no haberlos cambiado entonces. Mari: Pero no te queda más remedio que esperar otra ocasión favorable. Agua pasada no mueve molino". （リョータ「なんてこった！　チャンスが来たら円に換えようと思って、2ヵ月前から5千ユーロ持っていたのにユーロが下落しちゃった。あの時に換えておけばよかったと後悔さ」マリ「次のチャンスを待つしかないわね。流れ去った水で水車は動かせないから」）

【用例2】Alumno: No he resuelto bien el ejercicio. Si llego a saber que el examen era tan difícil... Profesor: Deja de pensar en lo que ya no tiene remedio, porque Agua pasada no mueve molino. Y prepárate mejor para el próximo examen. （生徒「問題がよくできなかった。試験がこんなに難しいってわかっていたらなあ」先生「いまさらどうしようもないことを考えるのはやめなさい。流れ去った水で水車は動かせないのだから。次の試験にがんばることだね」）

第6章　すんだことには胸を張れ

〔92〕Muerto el perro, se acabó la rabia.

犬が死んで、狂犬病が終わった

【意味】問題の根本的原因がなくなれば、その影響もなくなる。

【用法】犬を原因、狂犬病を被害の比喩として用いる。

【参考】狂犬病は不治の病で、被害をなくすには犬を殺すしかなかったことに由来する。死ねばもはや害とはならない敵に対して用いられることが多かったが、迷惑をかける人に対して日常的に用いられるようになった。プエルトリコやドミニカなどでは Muerto el perro, se acabaron las pulgas.（犬が死んでノミがいなくなった）という。

【用例1】Manolo: ¡Te digo que no es bueno ese delantero centro! ¡Falla siempre cuando avanza y chuta contra la portería contraria! Es un estorbo, y el entrenador debería sacarlo de la competición. Diego: Sí, de este modo nuestro equipo mejoraría y podría volver a ganar la liga, porque Muerto el perro, se acabó la rabia.（マノロ「あのセンターフォワードはダメだ。前進すると必ず失敗するし、オウンゴールまでやらかす。邪魔だよ。監督は彼を試合から外すべきだ」ディエゴ「まったく。そうすればチームはよくなり、リーグ戦でまた勝てるだろう。犬が死ねば狂犬病は終わるよ」）

【用例2】María llevaba unas sandalias bonitas pero que le hacían mucho daño en los pies. Como no podía soportar más el dolor, decidió quitárselas y seguir caminando descalzada, con lo que el dolor provocado por el roce de las sandalias desapareció. Muerto el perro se acabó la rabia.（素敵なサンダルを履いていたマリアは、足が擦れてひどく痛くなり、耐えられず脱いで裸足で歩き続けているうちに、痛みが消えた。犬が死んで狂犬病が終わったわけだ。）

[93] Camarón que se duerme, se lo lleva la corriente.

眠っている海老は潮に流される

【意味】ぼんやりして注意を怠っていると大変な目に遭うかもしれないので、いつも気をつけていなければならない。

【用法】うっかりしていると人生のチャンスを逸し、逆境にさらされることになりかねない。人生の流れに乗り損なわないようにと怠惰な人を諫めるのに用いる。日本語の「油断大敵」に通じる。

【ポイント】「潮」を人生のさまざまな「流れ」に譬えているところが興味深い。

【参考】camarón は体長5センチくらいのエビで、スペインのガリシア地方でよく食され、ゆでるとすぐに赤くなるので、ゆですぎないように注意する。エビは、gamba（小エビ）、langosta（伊勢海老）、langostino（車海老）などと使い分ける。

【用例1】Pedro: Tengo tiempo de sobra, María. El avión sale dentro de una hora. María: ¡Date prisa hombre! Si tienes que aplazar el viaje, perderás la oportunidad de ese negocio: Camarón que se duerme se lo lleva la corriente. （ペドロ「マリア、時間はあるんだ。飛行機が出るまで1時間あるし」マリア「急いで！ 乗り遅れたら、仕事のチャンスを逃すわ。寝ている海老は潮に流されるのよ」）

【用例2】Pepe: ¿Qué te parece si la próxima semana vamos al teatro? Sandra: De acuerdo. Como es una obra de gran éxito, habrá que apresurarse en sacar las entradas. Porque Camarón que se duerme se lo lleva la corriente. （ペペ「来週例の演劇を見に行かないか？」サンドラ「いいわ。大評判の作品だから、急いでチケット買わなきゃね。眠っている海老は潮に流されるから」）

第6章　すんだことには胸を張れ

〔94〕Cobra buena fama y échate a dormir.

有名になったら後は寝てるだけ

【意味】一度社会的に高い評価が得られたら、後は大したことをしなくてもやっていける。

【用法】良きにつけ悪しきにつけ、人は人そのものよりも他人の評価によって判断されることが多い。たいした努力をしなくても評判が一人歩きする。

【参考】Cóbrala mala, échate a morir（評判を落とせば、後は死ぬだけ）と続けることもある。南米では、cobra を cria（育てる）に、a dormir を en la cama（ベッドに）にする言い方がよく使われる。

【用例1】Pablo: En la farmacia me han dicho que el Dr. García es muy buen médico; también por lo mismo me lo recomendaron mis amigos. Sin embargo, se equivocó en mi diagnóstico, he empeorado y ahora tendré que ser operado. Juan: Sí, por algo suele decirse: Cobra fama y échate a dormir.（パブロ「薬局ではドクター・ガルシアは名医だと言ったし、友達も勧めてくれた。でも診断を誤って、俺はかえって悪くなり、手術をしなきゃならないはめになったんだ」フアン「有名になったら後は寝てるだけ、ということか」）

【用例2】Pepe: Cuando inaugures la tienda, pon precios moderados, eso atraerá a los primeros clientes. Si los tratas amablemente, lo irán difundiendo y eso atraerá a nuevos clientes. Jorge: Muchas gracias. Mi abuela lo sintetizaba así: ¡Cobra buena fama y échate a dormir!（ペペ「店をオープンする時は、値段を思い切って安くすると客に受けるよ。親切にすれば宣伝になり、新しい客がまた来るさ」ホルヘ「ありがとう。おばあちゃんがこんなふうに言っていたよ。有名になったら、後は寝てるだけって」）

[95] Ir por lana, y volver trasquilado.

羊毛を刈りに行って、刈られて帰る

- 【意味】利益を得ようとして出かけたのに損をして帰ってくる。何かをしようとした者が逆に相手にやられる。
- 【用法】得られると思っていたのに失ったり、連れ戻しに行ったのに自分がその場に留まるはめになる、など、意図したことと逆の結果となる場合に用いる。また、説得をしに行ったのに逆に説得されてしまうことのたとえに用いられる。「ミイラ取りがミイラになる」に通じる。
- 【ポイント】ir por lana 恩恵（羊毛）を求めたのに、volver trasquilado 失う（毛を刈られる）結果となる。得ようと思っていた以上に失うことになったと、羊飼いの重要な仕事である剪毛を例に、損得を語るところが興味深い。
- 【参考】「ラ・セレスティーナ」など、スペイン文学の古典にも多く登場する。ローマ法に起源をもつ裁判法典「フエロ・フスゴ」には、ユダヤ人や神を冒涜した者に対し、「毛を刈り取り辱める」（十字架にかけて皮を剝ぐ）という残忍な刑が定められていたという。
- 【用例】Juan: Por hacerle un favor, compré cien jamones a un amigo que se arruinó y va a cerrar su tienda. Regateé hasta conseguir que me los vendiera muy baratos, casi regalados. ¡Pero esta mañana he descubierto que todos están estropeados! Pablo : Yo diría que te pasó lo que suele decirse: Ir por lana y volver trasquilado.（フアン「破産して店をたたむことになった友だちからハムを100本買ってやったんだ。値切ってほとんどタダ同然で売ってもらったよ。でも、今朝になって全部傷んでいることに気がついたんだ」パブロ「つまり、羊毛を刈りに行って、刈られて帰ってくるってことさ」）

第6章　すんだことには胸を張れ

[96] Unos tienen la fama, y otros cardan la lana.

名声を得る者もいれば羊の毛を梳く者もいる

【意味】他人の努力や犠牲のおかげで名声や巨利を得る人がいる一方で、そうした成功者のために大変な労働に従事する人がいる。

【用法】本来は大変な努力をした人が得てよい功績を、それに値しない人が得てしまう、という場合に用いられる。また、他人の過ちや罪を着せられてしまう人に対しても用いることもある。

【ポイント】cardarは羊毛を糸にするためにcarda（金属製の櫛）によって繊維を洗い、切り離す面倒な作業である。

【参考】類例にUnos crían las gallinas, y otros se comen los pollos.（にわとりを育てる人がいれば食べる人もいる）、Unos los siembran, y otros los siegan.（蒔く人がいれば刈り取る人もいる）などがある。

【用例1】Paco: El candidato X pronuncia siempre unos discursos coherentes. Se ve que es una persona muy preparada para la actividad política. Pepe: Pero el mérito es de quien le escribe los discursos. Unos tienen la fama, y otros cardan la lana.（パコ「候補者Xはいつもいい演説をするね。政治にふさわしい人のようだ」ペペ「原稿を書く人あってこそだ。名声を得る者も羊の毛を梳く者もいるのさ」）

【用例2】Paco: El director me ha despedido porque ha creído la versión del cajero. Él fue quien perdió los documentos. Pero, tengo fama de distraído, me echó la culpa a mí. Jorge: ¡Menuda injusticia han cometido contigo. ¡Unos tienen la fama, y otros cardan la lana!（パコ「部長が俺を首にした。会計係の言葉を信じたのさ。書類を失くしたのは奴だが、粗忽者扱いされている俺のせいにされた」ホルヘ「ひどいなあ。名声を得る者も羊の毛を梳く者もいるってわけか」）

〔97〕No hay peor sordo que el que no quiere oir.

聞こうとしない者ほど酷い聾者はいない

【意味】人の話に耳を傾ける気のない人、理解しようとしない人に何か言って理解させるのはとても難しく、どうにもならない。

【用法】他人の考えを謙虚に聞こうとしない、道理の通らない頑固者のことを批判的に言う。

【ポイント】人の世の常で、どの国にも同じようなことわざがある。「言っても無駄」という意味では「馬の耳に念仏」に近い。

【参考】sordo を ciego（盲人）、oir を ver（見る）と言い換え、「見ようとしない者ほどたちの悪い盲人はいない」とも言う。

【用例1】Pilar: ¿Ha visto usted? El portero otra vez se ha olvidado de echar las cartas en mi buzón. Hace meses que se lo vengo pidiendo, pero sigue tirándolas en un rincón. ¡Como si no me oyera! Elena: Tendrá que decírselo de otro modo, porque No hay peor sordo que el que no quiere oir.（ピラール「ごらんになった？ 管理人がまた手紙を郵便受けに入れるのを忘れているわ。何カ月も前から頼んでいるのに、相変わらず隅に置きっぱなし。まるで人の言うことは聞こえないみたい」エレナ「別の言い方をなさらないと。聞こうとしない者ほど酷い聾者はいないのですから」）

【用例2】Se reunieron más de 30,000 manifestantes alrededor del Palacio de la Dieta. La mayoría del pueblo están contra del proyecto de la ley. Pero ni el primer ministro hace caso la opinión del pueblo. No hay peor sordo que el que no quiere oir.（国会周辺には３万人のデモ参加者がいた。国民の大多数が法案に反対している。しかし総理大臣はまったく国民の意見を意に介さずだ。聞こうとしない者ほど酷い聾者はいない。）

第6章　すんだことには胸を張れ

〔98〕No hay mayor desprecio que no hacer aprecio.

無視するほどひどい侮辱はない

【意味】人の行為に無関心を装い、存在を無視することが、何よりもその人を侮辱し、傷つけることになる。

【用法】根拠のない噂を立てられたりした時に、真正面から否定したり怒ったりせずに、無視するのが最善であることを示唆する。

【ポイント】desprecio（侮辱）、aprecio（無視）が韻を踏む。

【参考】古代ローマの総督であった歴史家のタキトゥスが「年代記」に次のように書き記したことに由来する。「悪口を言われて怒るのは、そのとおりであることを認めるようなものだ。逆に無視すれば、その悪口は効き目を失う」。2012年にスペインのテニス選手のドーピング疑惑がフランスのテレビで報じられた際に、当時のスペインのラホイ首相が引用し、メディアで繰り返し報道されたことで、このことわざが甦ったと言われた。

【用例】Pablo: ¿Has leído en "La Prensa" el reportaje sobre el "Premio Orbe"? El redactor insinua que no merezco el premio, porque mi novela es un plagio. ¡Esto es indignante! ¡Este periodista embustero se va a acordar de mi protesta! Miguel: Mejor harás si callas, porque No hay mayor desprecio que no hacer aprecio.（パブロ「新聞のオーブ賞のルポルタージュを読んだかい？　おれの小説のことを盗作だから賞には値しないと遠回しに言っているんだ。腹立たしいったらありゃしない。この大嘘つきには抗議してやるから覚えていろよ」ミゲル「黙っている方がいいね。無視するほどひどい侮辱はないからね」）

[99] Todos los caminos conducen a Roma.

すべての道はローマに通ず

【意味】ある場所に行くにはさまざまな行き方があり、ものごとを実現するにもさまざまな方法がある。

【用法】何かをなすにはいくつもの方法があり、どの方法をとってもよい、と教える。

【ポイント】欧米の各言語に同じ表現がある。英語の Where there is a will, there is a way.（意志あるところに手段がある）にも通じる。

【参考】ローマ帝国時代に7万キロに及ぶ400もの道がローマを辺境の地と結びつけていたことがことわざの背景にあるとの説が有力だったが、中世のキリスト教徒の巡礼の目的地の一つ、ローマへ向かう道がヨーロッパ各地からいくつもあったことに由来すると考えるのが正しいようだ。

【用例1】Xavier: ¡Se me olvidaba que hoy es el cumpleaños de Concha! Tengo que llevarle enseguida un ramo de flores. ¿Debo coger un taxi, o tomar el metro.? Marta: Como que llegaras a su casa igualmente, vete alli con lo que prefieras, porque... !Todos los caminos conducen a Roma!（ハビエル「今日はコンチャの誕生日だってことを忘れていたよ。すぐに花束を届けなければ。タクシーにのるか、地下鉄でいくべきか」マルタ「どのみち家に着くのだから、好きにすれば？　すべての道はローマに通じるのだから」）

【用例2】Paco: Si avanzas el caballo, le haces jaque mate. Luis: Sí, lo sé; pero también puedo hacerlo retirando esta torre. ¡Todos los caminos conducen a Roma!（パコ「ナイトを進めれば王手だね」ルイス「そうだね。でもこのルークを引っ込めてもいいな。すべての道はローマに通じるからね」）

第6章　すんだことには胸を張れ

〔100〕A lo hecho, pecho.

すんだことには胸を張れ

【意味】すんだことは仕方がない。自分のやったことは胸を張って対処するしかない。

【用法】物事が結果的にうまくいかなかったとしても、後悔し、落胆する必要はない。立ち向かう勇気と強さを持ち、頭を垂れるのではなく、胸を張れと励ます。

【ポイント】hecho, pecho と韻をふみ、動詞のない簡潔な表現でインパクトがある。

【参考】A lo hecho no hay remedio, y a lo por hacer, consejo.（すんだことは仕方がないが、これからやることの助言にはなる）つまり、失敗を再びくりかえさないための助言とせよ、と教えるポジディブなことわざもある。

【用例1】Paco: Pues, invertí en Bolsa todos mis ahorros y bajó en picado. Ahora, me quedo sin dinero. He perdido la oportunidad de hacer el buen negocio que me ofrecían. Miguel: Pues, ya nada se puede hacer. ¡A lo hecho, pecho!（パコ「あのさ、貯金を全部株につぎ込んだら大暴落。で、一文無しになっちゃった。俺のところに来たいい仕事のチャンスもなくなったというわけさ」ミゲル「そうか、もうどうしようもないね。すんだことには胸を張れということだね」）

【用例2】Pilar: ¡Ay, Elena! Elegiste mal el melón para el postre de nuestros invitados. Has abierto uno que todavía está verde. Elena: Pues ahora no puedo ir a comprar otro; tendremos que servírselo, aunque nos critiquen... ¡A lo hecho, pecho!（ピラール「エレナ、ゲストのデザートに選んだメロンははずれよ。あなたが切ったメロン、まだ青いわ」エレナ「でも、別のを買いにはいけないわ。文句が出たってそれで間に合わせなくちゃ。すんだことには胸を張れ、よ」）

コラム──今に生きることわざ

　「ドン・キホーテ」を生んだ国スペインなので、現在でもさぞかしことわざが盛んに使われていると期待したいが、他の国と同じくスペイン人の日常生活にことわざはそれほど多くは登場しないようだ。もっとも「ドン・キホーテ」をスペイン人が読んでいるかというと、古典として学校で読んだことがある、というレベル。あるアンケートによれば、一年間に一冊も本を読まない人が46%もいるという。ことわざをよく使うのは地方の高齢者層で、若者はことわざをある程度知っていて、年寄りが話すのを耳にしてはいても、あまり使わない。

　しかし、時としてメディアにことわざが登場するのは、多くのスペイン人が従来は常識として知っていて、日常的に馴染んできたことの表れだろう。Cuando el rio suena, agua lleva.（瀬音のするところには水がある、p.18）を引いて、政界の汚職に言及するなど、多くは批判やユーモアを込め、揶揄するときに引かれるようだ。また、よく知られたことわざの後半を書き換えてパロディにしてしまうのも、ジョーク好きのスペイン人らしい。たとえば El que ria al último, rie mejor.（最後に笑う者はよく笑う）の後半を es porque no entiende el chiste.（……ジョークが理解できないからだ）と言い換えたりする。

　さて、ここまで100のことわざのそれぞれに付き合ってみると、短い言い回しの中に、豊かな文化や歴史、地理の背景が垣間見られる。またその起源が聖書、ラテン語、ギリシャ語などのものも多く、ヨーロッパの他の国々のことわざと共通することも少なくない。

　つまり、スペイン語のことわざを学ぶことは、私たちがスペインの文化と、そこに暮らす人々を理解し、実感する上で、具体的かつ重要な手だてとなり、さらには西欧の文化全体へいざなう入り口として役立つのではないだろうか。

スペイン語ことわざ索引

A buen entendedor, pocas palabras. 54
A buen hambre no hay pan duro, ni falta salsa a ninguno. 24,92
A buenas horas mangas verdes. 70
A caballo regalado, no le mires el diente. 25
A cada puerco le llega su San Martín. 56
A Dios rezando, con el mazo dando. 66
A Dios rogando, y negociando. 66
A enemigo que huye, puente de plata. 51
A grandes males, grandes remedios. 35
A la vejez, viruelas. 44
A las diez, en la cama estés. 33
A lo hecho no hay remedio, y a lo por hacer, consejo. 110
A lo hecho, pecho. 110
A mal tiempo, buena cara. 14
A perro flaco, todo son pulgas. 34
A quien madruga, Dios le ayuda. 32, 56
A rey muerto, rey puesto. 90
A río revuelto, ganancia de pescadores. 60
Acostarse temprano y levantarse temprano, hacen al hombre sano. 33
Agua pasada no mueve molino. 102
Al pan, pan y al vino, vino. 20, 74, 92
Ande yo caliente, y ríase la gente. 78
Antes de hacer nada, consulta con la almohada. 86
Antes hoy que mañana. 65
Año de nieves, año de bienes. 88
Año seco, año bueno. 88
Aunque la mona se vista de seda, mona se queda.10
Ayúdate, y te ayudaré. 66
Barco que mandan muchos pilotos, pronto va a pique.29

Bicho malo nunca muere. 91
Buey viejo, surco derecho. 45
Cada maestrillo tiene su librillo. 97
Cada momento vale mil onzas de oro. 72
Cada oveja con su pareja. 48
Cada uno arrima el ascua a su sardina. 79
Camarón que se duerme, se lo lleva la corriente. 104
Cobra buena fama y échate a dormir. 105
Con pan y con vino se anda el camino. 92
Con vino anejo y pan tierno se pasa el invierno. 92
Contigo, pan y cebolla. 92
Cria cuervos, y te sacarán los ojos. 9
Cual es la madre, así las hijas salen. 42
Cuando el gato no está, los ratones bailan. 76
Cuando el gato no está, los ratones se pasean. 76
Cuando el gato va a sus devociones, los ratones bailan.76
Cuando el río suena, agua lleva. 18
Cuando las barbas de tu vecino veas pelar, echa las tuyas a remojar.87
Cuando los ojos no ven, el corazón no duele. 84
Cuando una puerta se cierra, ciento se abren. 3
Dame dinero y no consejos. 5
De casta le viene al galgo el ser rabilargo. 43
De la ocasión, nace la tentación. 81
De tal maestro, tal discípulo. 42
De tal palo, tal astilla. 42
Del árbol caído todos hacen leña. 61
Del dicho al hecho hay gran trecho. 4
Dime con quién andas y te diré quién eres. 30
Dios los cria y ellos se juntan. 31
Donde fuego se hace, humo sale. 18
Donde fueres,haz lo que vieres. 41

Donde hay patrón, no manda marinero. 29
Donde las dan, las toman. 100
Donde menos se piensa, salta la liebre. 36
Echar perlas a los puercos. 75
El buen paño, en el arca se vende. 17
El buen vino, la venta trae consigo. 17
El comer y el rascar, todo es empezar. 15
El hábito hace al monje. 11
El hábito no hace al monje.11
El hombre propone y Dios dispone. 67
El hombre propone y la mujer dispone. 67
El hombre y el oso, cuanto más feo, más hermoso. 13
El huésped y la pesca, a los tres días apestan. 50, 72
El mejor maestro es el tiempo y la mejor maestra la experiencia. 45
El muerto, a la sepultura, y el vivo, a la hogaza. 85
El muerto, al hoyo y el vivo, al bollo. 85
El mundo es un pañuelo. 23
El ojo del amo engorda el caballo. 77
El que no arriesga, no gana. 52
El que no llora, no mama. 16
El que ría al último,ríe mejor. 112
El saber no ocupa lugar. 59
En arca abierta, el justo peca. 81
En boca cerrada no entran moscas. 98
En casa del herrero, cuchillo de palo. 94
En martes, ni te cases ni te embarques. 89
En tierra de ciegos, el tuerto es rey. 95
En tierra de enanos, mi padre es gigante. 95
En tierra de necios, el loco es el rey 95
En todas partes cuecen habas. 22
En todas partes tiene cada semana su martes. 89
En viernes ni en martes. 89
Entrad por la puerta estrecha. 56
Esposa de sastre está de mal vestido. 94
Gato maulllador, nunca buen cazador. 6

Hacer bien nunca se pierde. 8
Haz bien y no mires a quién. 8
Holgad, gallinas, que el gato está en vendimias. 76
Hombre apercibido medio combatido. 27
Hombre prevenido vale por dos. 27, 72
Ir por lana, y volver trasquilado. 106
La cabra de mi vecina más leche da que la mía. 82
La gallina de mi vecina más huevos pone que la mía. 82
La letra, con sangre entra. 47
La mala hierba crece mucho. 91
La mala hierba nunca muere. 91
La mejor salsa es el hambre. 24
La noche es buena consejera. 86
La ocasión hace al ladrón. 81
Las apariencias engañan. 10
Las desgracias nunca vienen solas. 34
Las malas compañías corrompen las buenas costumbres. 30
Lo bueno, si breve, dos veces bueno. 55, 72
Lo que ojos no ven corazón no quiebra. 84
Lobo aullador, poco mordedor. 6
Los duelos con pan son menos. 68, 92
Los trapos sucios se lavan en casa. 83
Malo es quien presume que los demás son malos. 80
Más fácil es dar a la lengua que a las manos. 5
Más sabe el diablo por viejo que por diablo. 45
Más vale aprender de viejo que morir necio. 71
Más vale pájaro en mano que ciento volando. 52, 72
Más vale poco y bueno que mucho y malo. 55
Más vale prevenir que curar. 26
Más vale prevenir que lamentar. 26
Más vale ser amo de cabaña que mozo de campaña. 62
Más vale ser cabeza de ratón que cola de león. 62

Más vale solo andar que mal casar. 49
Más vale solo que mal acompaáado. 49
Más vale tarde que nunca. 71
Más vale un testigo de vista que ciento de oidas. 72
Más vale un toma que dos te daré. 52
Más ven cuatro ojos que dos. 40, 72
Mesa sin vino, olla sin tocino. 92
Muchos son los llamados y pocos los escogidos. 58
Muerto el perro, se acabaron las pulgas. 103
Muerto el perro, se acabó la rabia. 103
Ninguna maravilla dura más de tres días. 72
No dejes para mañana lo que puedas hacer hoy. 65, 71
No es oro todo lo que reluce. 12
No es tan feo el tigre como lo pintan. 7
No es tan fiero el leon como lo pintan. 7
No hay bien ni mal que cien años dure. 2
No hay dos sin tres. 72
No hay humo sin fuego. 18
No hay mal que por bien no venga. 3
No hay mayor desprecio que no hacer aprecio. 109
No hay mejor salsa que hambre. 24
No hay nublado que dure un año. 2
No hay peor sordo que el que no quiere oir. 108
No puede vivir el que no canta. 14
No se ganó Zamora en una hora. 64
No se hizo la miel para la boca del asno. 75
No se puede estar en misa y repicando. 28
No se puede repicar y andar a la procesión. 28
Nunea diga de esta agua no beberé. 37
Nunca llovió que no escampase. 2
Ocasión y tentación, madre e hija son. 81
Ojos que no ven corazón que no siente. 84
Perro ladrador, nunca bien mordedor. 6
Perro porfiado saca mendrugo. 16
Piensa el ladrón que todos son de su condición. 80
Poderoso caballero es don dinero. 69
Por la boca muere el pez. 98
Por los Santos, nieve en los altos, por San Andrés, nieve en los pies. 56
Porque sembraron viento, y torbellino segarán. 101
Puerta abierta, al santo tienta. 81
Quien a buen árbol se arrima, buena sombra le cobija. 63
Quien bien ama, quien bien castiga. 46
Quien bien te quiere, te hará llorar. 46
Quien calla, otorga. 99
Quien canta, su mal espanta.14
Quien dos liebres sigue, tal vez caza una, y muchas veces ninguna. 53
Quien mucho abarca, poco aprieta. 53
Quien quiere ser rico, ahorre del pico. 54
Quien se pica, ajos come. 19
Quien siembra vientos recoge tempestades. 101
Sin sacarlo al mercado se vende el buen caballo. 17
Ten siempre una vela encendida por si otra se apaga.27
Todos los caminos conducen a Roma. 111
Todos los duelos con pan son buenos. 68
Tres mujeres y tres chiquillos, una olla de grillos. 72
Una cosa es predicar, y otra dar trigo. 5
Una mala acción se sabe a mil leguas. 72
Unos crian las gallinas, y otros se comen los pollos. 107
Unos los siembran, y otros los siegan. 107
Unos tienen la fama, y otros cardan la lana. 107
Vaso malo, nunca quebrado. 91
Zapateros, a tus zapatos. 96

日本語訳ことわざ索引

【あ】
悪天には笑顔　14
悪魔は、悪魔ゆえでなく、年寄りだから物知り　45
行った先では見たようにせよ　41
犬が死んで、狂犬病が終わった　103
ウサギは思わぬところから飛び出す　36
打てば打たれる　100
王様が亡くなると誰かが王位に就く　90
お説教と麦をくれるのは別　5
遅くてもしないよりまし　71
男と熊、醜いほど男前　13
お前を大好きな人がお前を泣かせる　46

【か】
害虫は死なず　91
学問は血を流して身につく　47
鍛冶屋の家では木のナイフ　94
風を蒔いた者は嵐を刈り取る　101
飼ったカラスに目を突つかれる　9
鐘を鳴らしながら行列には加われない　28
神が創り、人々は集う　31
神に祈りながら大槌を振るう　66
火曜日には結婚も船出もするな　89
川をかき回して漁師は稼ぐ　60
機会が泥棒をつくる　81
木が倒れると皆が薪にする　61
気が立ってるのはニンニクを食べた奴　19
聞こうとしない者ほど酷い聾者はいない　108
絹を着ても猿は猿。　10
客と魚は3日で鼻につく　50
今日できることを明日に延ばすな　65
靴屋は靴のことだけにしろ　96

言葉と行為の間には大きな隔たり　4
この木にしてこの木っ端　42
この水は決して飲まぬと言うなかれ　37
衣ばかりで修道士はできぬ　11

【さ】
サモラは1時間では陥落しなかった　64
実行する前に枕と相談せよ　86
自分さえ暖かければよし、他人が笑おうとも　78
10時には床に就け　33
主人の目は馬を肥やす　77
手中の一羽は空中の百羽にまさる　52
純血のガルゴは尻尾が長い　43
食事も演奏も最初が肝心　15
死んだ人は墓穴に、生きる人は菓子パンに　85
すべての道はローマに通ず　110
すんだことには胸を張れ　111
瀬音がするところには水がある　18
世界は1枚のハンカチ　23
先生なら自前の教本がある　97
船頭の前で水夫は口出ししない　29

【た】
大樹に寄れば大きな影が守ってくれる　63
大病には荒療治　35
たくさん抱え込むとわずかしか握れない　53
頼りになるのは現ナマ氏　69
誰と付き合っているか言えば君の正体がわかる　30
誰もが自分のイワシに火を近づける　79
知識は場所をとらない　59
治療より予防がまし　26

— 116 —

沈黙は同意の印　99
どこの家でもソラマメを煮ている　22
閉じた口にハエは入らず　98
年寄りに天然痘　44
隣の鶏はうちの鶏よりたくさん卵を生む　82
どの羊にも似合いの連れ合い　48

【な】
泣かぬ赤子は乳がもらえぬ　16
流れ去った水で水車は動かせない　102
逃げる敵には銀の橋　51
盗人はみんな自分と同じだと思っている　80
猫がいなけりゃネズミが踊る　76
眠っている海老は潮に流される　104

【は】
早起きする者を神は助ける　32
パンがあれば辛いのも何のその　68
パンはパン、ワインはワイン　74
光るものすべてが金ならず　12
人は企て、神が決める　67
ひもじければ硬いパンはなく、ソースもいらぬ　24
百年続く幸福もなければ不幸もない　2
福をもたらさぬ禍はなし　3
2つの目より4つの目がよく見える　40
吠える犬は噛みつかぬ　6

【ま】
招かれる者は多いが選ばれる者はわずか　58
見えなくなれば、心にも感じない　84
無視するほどひどい侮辱はない　109
名声を得る者もいれば羊の毛を梳く者もいる　107
盲人の国では片目が王様　95
もらった馬の歯を覗くな　25

【や】
やせ犬にノミ　34

有名になったら後は寝てるだけ　105
雪の年は豊年　88
良いことをするのに人を選ぶな　8
よい時に緑の袖　70
よい布は箱のなかで売れる　17
良いものが簡潔なら二倍良い　55
用意周到な人は二人分に値する　27
羊毛を刈りに行って、刈られて帰る　106
汚れた雑巾は家で洗え　83

【ら】
ライオンの尻尾よりネズミの頭がまし　62
ライオンは絵でみるほど獰猛じゃない　7
隣人が髭を剃りだしたら、自分の髭を濡らし始めよ　87
ロバの口に蜂蜜　75

【わ】
わかりのいい人には一言二言　54
悪い仲間と一緒より一人がまし　49

参考文献

Luis Junceda, *Diccionario de refranes,* Espasa Libros, S.L.U.,1999
　2500以上のスペイン語のことわざを収録し、解説する。本書執筆にあたり、協力者のアルベルトが推薦してくれた辞典。

Julia Sevilla Muñoz, *1001 refranes españoles*, Ediciones Internacionales Universitarias, 2008, segunda edición
　1001のスペインのことわざを8カ国語の該当することわざとともに解説する。類例も豊富である。

Eduardo Aparicio, *101 Spanish Proverbs*, Passport Books, 1998
　英語圏の学習者のためにわかりやすく書かれ、用例とイラストが楽しい。

Miguel de Cervantes, *Don Quijote de la Mancha*, Biblioteca Didáctica Anaya, 1987
　ことあるごとに登場人物がことわざを駆使するこの世界的な名作はまさにことわざの宝庫。数あるスペイン語版の中でも注釈と解説が詳しく、参考になる。

セルバンテス（牛島信明訳）『ドン・キホーテ』（岩波書店、2001）
　数ある日本語訳の中で、いま一番読まれている文庫本（全6冊）。

山崎信三『ドン・キホーテのことわざ・慣用句辞典』（論創社、2013）
　ドン・キホーテに登場することわざ、格言、故事などを約370、慣用句を約1200収録し、解説する。

北村孝一『ことわざを知る辞典』（小学館、2018）
　外国語のことわざに関心を持ったら、日本語のことわざの理解も深めておきたい。近現代の用例を重視したハンディな辞典。

■著　者■

星野　弥生（ほしの　やよい）

スペイン語翻訳・通訳者。ことわざ学会会員。1948年東京生まれ。東京外国語大学スペイン語学科卒。編著・訳書に『父ゲバラとともに、勝利の日まで』（同時代社）

■協力者■

Alberto Mayol Sánchez（アルベルト・マヨル・サンチェス）
スペイン、バルセロナ生まれ。スペイン語、スペイン文学を教える。中学校の各種教科書の共著者。

※本シリーズの訳文に一部差別的と誤解される恐れのある語がありますが、著者および出版社は差別を容認する意図はございません。

ミニマムで学ぶ スペイン語のことわざ
2019年9月25日　第1版第1刷　発行

著　者	星野　弥生
発行者	椛沢　英二
発行所	株式会社クレス出版
	東京都中央区日本橋小伝馬町 14-5
	TEL 03-3808-1821　FAX 03-3808-1822
組　版	松本印刷株式会社
印刷所	株式会社平河工業社

ISBN978-4-87733-955-5　C3039　¥1800E
落丁・乱丁本は交換いたします。　　©2019　Yayoi HOSHINO